Susanne Stöcklin-Meier

Natur-Spielzeug

Susanne Stöcklin-Meier

Natur-Spielzeug

Spiele und Bastelideen mit der Natur
für Kinder zwischen 3 und 10 Jahren

Illustrationen von Lisa Gangwisch
Fotos von Roland Aellig

Ravensburger Buchverlag

Die Deutsche Bibliothek – CIP-Einheitsaufnahme
Ein Titeldatensatz für diese Publikation ist bei
Der Deutschen Bibliothek erhältlich

Die Schreibweise entspricht den Regeln
der neuen Rechtschreibung.

1 2 3 4 03 02 01 00

Umschlagkonzeption: Schmieder/Sieblitz
Titelfoto: Ursula Markus
Printed in Germany
ISBN 3-473-37356-7

Inhalt

Vorwort

Den liebevollen Umgang mit der Natur lernen Kinder, indem sie eine Beziehung zu ihr anknüpfen. Das geschieht am besten durch das Spiel, denn Spielen ist das Element der Kinder. Wenn sie dazu angeleitet werden, Pflanzen mit Maß und Sorgfalt zu pflücken, erleidet die Umwelt keinen Schaden, im Gegenteil: Die Kinder setzen sich bewusst mit der Schönheit und den Eigenarten der Natur auseinander. Die Schätze, die sie in ihren Händen halten, regen ihre Fantasie an und gewinnen Leben: Die Blüte wird zum Schmuckstück, die Rinde zum Schiff, die Mohnblume zur Puppe.

Die jahreszeitlich bedingten Spiele helfen unseren Kleinen, den Jahresablauf bewusst zu erleben und den natürlichen Rhythmus der Pflanzenwelt zu beobachten. Für Landkinder geht von ihrer Naturumgebung auch heute noch ein starker Spielreiz aus. Für Stadtkinder muss die Beziehung zu Naturmaterial meistens bewusst geschaffen und die Anregung zum Spiel gegeben werden. Natur-Spielzeug entsteht aus dem Augenblick. Wir brechen ein Ahornblatt ab und formen eine Tabakspfeife oder ein Körbchen daraus. Ein Grashalm wird zur Flöte. Die Natur bietet Kindern eine Fülle von Spielmaterial an: Blüten, Blätter, Gräser, Samen, Früchte, Zweige, Rinden und Wurzeln. Spiel und Spielzeug bedeuten Vergnügen, Fantasie und Nachahmung.

Dieses Natur-Spielzeug-Buch habe ich neu überarbeitet, erweitert und mit fantasieanregenden Geschichten ergänzt. Die Illustrationen von Lisa Gangwisch unterstreichen das märchenhafte Weben und Wirken der Natur. Ich wünsche Eltern, Großeltern, Kindergärtnerinnen, Lehrerinnen und Lehrern viel Spaß und Entdeckerfreude mit den Kindern in der Natur.

Susanne Stöcklin-Meier

Frühjahr

Ihr Kinder, heraus,
heraus aus dem Haus!
Heraus aus den Stuben,
ihr Mädchen und Buben!
Der Frühling ist da!

Die Vögel sich schwingen,
sie jubeln und singen!
Es hallt und es schallt,
in Feld und Wald.
Der Frühling ist da!

Es grünen die Wälder,
es grünen die Felder.
Die Blümelein sprießen
in Gärten und Wiesen.
Der Frühling ist da!

Löwenzahn

Eine unserer bekanntesten und häufigsten Pflanzen ist der Löwenzahn. Im Frühjahr färbt er die Wiesen gelb. Seine Blüten sind auffällig für Insektenbesuch eingerichtet. Und doch entwickeln sich die Samen auch ohne Befruchtung. Eine einzelne Pflanze entwickelt jährlich etwa 3000 Samen. **Achtung:** Der Milchsaft hinterlässt auf Kleidern und Händen hartnäckige Flecken. Hoch stehendes Gras nicht zertreten! Löwenzahn zum Spielen nur mit Maß an Wiesen- und Wegrändern pflücken. Vorsicht, bei sonnigem Wetter fliegen Bienen!

LÖWENZAHN

Der Löwenzahn ist eine heiß geliebte Kinderblume: Sie zieht die Kinder mit ihrer goldgelben, leuchtenden Farbe an. Sie hat viele Namen. Die Kinder vergleichen sie liebevoll mit der Sonne und nennen sie »Sonnenwirbel«. Sie wird auch »Pusteblume«, »Lichterblume«, oder »Milcherling« und »Milchbusch« genannt. In Schwaben nennen sie die Kinder auch scherzhaft »Bettsaicher«. Die gezahnten grünen Blätter haben ihr den Namen »Löwenzahn« gegeben.

Der Löwenzahn fordert die Kinder zum Spiel heraus. Es gibt noch zahlreiche, altüberlieferte Spiele mit Löwenzahnblüten, Stängeln und Samen, die jedes Frühjahr, wenn der Löwenzahn die Wiesen goldgelb färbt, wieder auftauchen.

Tag oder Nacht

Wenn sich die goldstrahlenden Wiesen mit einem duftig weißen Schleier überziehen, spielen die Kinder »Willst du lieber Tag oder Nacht?« Dieses Löwenzahnspiel ist wahrscheinlich das bekannteste und am weitesten verbreitet.

Spielregel: »Willst du lieber Tag oder Nacht?«, fragt ein Spieler den anderen. Dabei hält er ihm den weißen Fruchtstand, den die Kinder als »Lichter« bezeichnen, vors Gesicht und bläst ihm, ob die Antwort so oder so lautet, die behaarten Samen ins Gesicht. Meist endet diese Neckerei deshalb mit einem Streit darüber, ob das Ausblasen des Lichtes begründet war oder nicht.

Löwenzahn, Löwenzahn,
wirst mich doch nicht beißen.
Hast noch keinem weh getan,
willst ja nur so heißen.

Löwenzahn, Löwenzahn,
mit dem goldnen Kranze,
schaust hinauf zur Sonnenbahn,
blühst in ihrem Glanze.

Löwenzahn, Löwenzahn,
Licht im grünen Grase,
leuchtest auf dem Wiesenplan,
bis ich aus dich blase.

Armbanduhr

Ein Südsee-Häuptling wundert sich in seinen Reden über den Papalagi, den weißen Mann in Europa: Er habe keine Zeit und trage die platte, runde Maschine, von der er die Zeit ablesen könne, ständig mit sich herum. Dieses Ablesen sei nicht leicht. Man übe es mit den Kindern, indem man ihnen die Maschine ans Ohr halte, um ihnen Lust auf die Zeitmaschine zu machen.

Etwas muss wahr sein an diesen Beobachtungen. Uhren faszinieren uns! Schon kleine Kinder krähen vor Freude, wenn man ihnen eine »Tick-Tack« ans Ohr hält. Alte Uhren sind begehrte Schätze, ob sie nun funktionieren oder nicht! Wer trug als Kind nicht billige Jahrmarktsuhren, die man immer auf die gewünschte Zeit stellen konnte?

Wir legten uns früher auch Löwenzahn-Armbanduhren um die Handgelenke. Meine Töchter taten es wieder. Sie freuten sich ebenso an ihrer »Armbanduhr« wie wir damals. Sie lasen ständig die imaginäre Zeit ab …

Wer eine Armbanduhr aus Löwenzahn machen möchte, braucht eine Blüte mit langem Stiel. Unter der Blüte wird mit dem Daumennagel ein 1 cm langer Schlitz in den Stiel eingeritzt.

Den Stiel als Uhrenarmband um das Handgelenk legen und mit dem Ende durch den Schlitz unter der Blume die Uhr »schließen«. Wie spät ist es?

Sonnenbrille

Wir schlitzen zwei gleich lange Blütenstängel unterhalb der Blume mit dem Daumennagel ein. Die beiden werden mit einem dritten Stängel, den wir durch die Schlitze ziehen, verbunden. So entsteht diese optisch wirkungsvolle Sonnenbrille.

Wasserleitungen

Kinder bauen mit Vergnügen lange Wasserleitungen. Die kleinen Brunnenmeister brauchen für den Bau einer Wasserversorgung viele Löwenzahnstängel als Wasserrohre und kleine und große Büchsen für die Reservoire. Die Leitungsrohre werden ineinander geschoben, immer das dünnere Ende in das dickere.

Die Reservoire werden mit der Ahle vorgelocht. Nun müssen sie nur noch an die Wasserrohre angeschlossen und mit Wasser aufgefüllt werden. Mit Spannung verfolgen die Kinder den Weg des kanalisierten Wassers!

Wassermännchen

Wir schneiden Stängelröhrchen auf beiden Seiten ein, legen sie ins Wasser und, o Wunder, sie kräuseln sich, es entstehen Wassermännchen, krause Kringel und Locken. Ein Spiel, das Kinder fasziniert, weil die Stängelröhrchen laufend ihre Form verändern und immer wieder neue lustige Figuren entstehen.

Zwicker

Wird ein Stängelröhrchen auf der ganzen Länge halbiert und ins Wasser gelegt, entsteht ein Zwicker. Wenn er sich eingerollt hat, kann er richtig auf die Nase geklemmt werden!

GÄNSEBLÜMCHEN

Gänseblümchen

Das Gänseblümchen, auch Maßliebchen genannt, ist ein Korbblütler. Die kleinen altbekannten Wiesenpflanzen sind vom Frühjahr bis in den Herbst hinein überall zu sehen. Das Körbchen schließt sich nachts und bei feuchtem Wetter.

Im Frühjahr, wenn die Weidenkätzchen silbergrau schimmern, die Vögel lustig trillern, kauern sich Kinder mit Freude ins junge Gras und pflücken die ersten Veilchen und Gänseblümchen. Strahlend tragen sie ihre kleinen Frühlingssträuße nach Hause. Die Größeren flechten Kränze. Das Gänseblümchen und die Margerite dienen dem Kind auch als Orakel! Die weißen Blättchen der Blumenkrone werden der Reihe nach ausgezupft. Das letzte Blättchen entscheidet, je nach Befragung, über Leben und Tod, Hochzeit und Scheidung, Liebe und Leid …

Fingerring

1. Wir nehmen ein Gänseblümchen oder eine Margerite und durchstechen mit einem dünnen Ästchen von oben nach unten das gelbe Körbchen und den Stiel.
2. Nun stoßen wir den Stiel sorgfältig von unten nach oben durch den vorgestochenen Kanal.
3. Der Blumenring wird über einen Finger gestreift und «angezogen».
4. Wenn er gut sitzt, klemmen wir den vorstehenden Stiel ab. Sieht er nicht schön und dekorativ aus, unser Blumenring?

Ich trag ein goldnes Ringelein,
Schatz, an meinem Fingerlein.
Ich trag ein goldnes Ringelein,
Schatz, an meiner Hand.

Ringel-Ringel-Tänzchen,
die Mädchen tragen Kränzchen,
die Buben tragen Maien
beim Ringel-Ringel-Reihen.

Ketten

Einfache Kette

Sich mit Blumen zu schmücken, ist ein altes Bedürfnis der Menschen. Kinder flechten Kränze aus Gänseblümchen und anderen Blumen. Sie setzen sie als Krone auf den Kopf oder hängen sie als Kette um Hals und Handgelenk.

Pflückt die Gänseblümchen auf dem Rasen, bevor sie abgemäht werden! Wer gut hinhört, hört sie flüstern: »Ich will in deinen Kranz, ich will in deine Kette.«

So verwandelt sich der Blumenstrauß in ein Schmuckstück:

Den Blütenstiel eines Gänseblümchens schlitzen wir mit dem Daumennagel gut 5 mm unter der Blüte ein. Durch diese Öffnung, sie sollte etwa 1 cm lang sein, ziehen wir den zweiten Stiel, bis der Blumenkopf an den Stängel stößt. Dieser Stiel wird ebenfalls mit dem Daumennagel aufgeschlitzt, der nächste Blumenstiel durchgezogen und so fort, bis sich die Blumenkette zu einem Kränzchen schließen lässt.

Gänseblümchen, Gänseblümchen,
blühst auf unsrer Wiese.
Kommt der kleine Hans daher,
pflückt dich für die Liese

Doppelte Kette

Die doppelte Kette ist im Grunde nicht doppelt, sondern der Stiel bildet einen Ring. Die Kette sieht dadurch sehr raffiniert und dekorativ aus.

1. Wir nehmen ein Gänseblümchen und durchstechen das Körbchen und den Stiel mit einem dünnen Ästchen von oben nach unten.
2. Wir stoßen den Stiel sorgfältig von unten nach oben durch den vorgelochten Kanal. Er soll im Körbchen so wenig wie möglich vorstehen.
3. Mit dem Stiel einer vorgelochten Blume fahren wir durch den Ring und stoßen den Stiel wiederum von unten nach oben durch das Körbchen. Wir hängen so lange Ring in Ring, bis sich die doppelte Kette zum Kranz schließen lässt.

Verkehrtewelt-Blume

Kinder lieben Lügenmärchen und Verkehrtewelt-Spiele. Sie werden stolz ihren Kameraden und Erwachsenen die Verkehrtewelt-Blume unter die Nase halten und fragen: »Hast du schon so etwas gesehen? Der Stiel ist auf der falschen Seite gewachsen!« Und wer den Trick nicht kennt, wird das Naturwunder gebührend bestaunen!

1. Wie beim Ring und der doppelten Kette durchstechen wir zuerst das Körbchen und den Stiel mit einem Ästchen und ziehen den Stiel von unten nach oben durch den vorgestochenen Kanal.
2. Bei der Verkehrtewelt-Blume lassen wir keine Schlinge des Stängels stehen, sondern ziehen ihn sorgfältig ganz durch. Die Wirkung ist verblüffend. Der Stängel scheint direkt aus dem gelben Körbchen zu wachsen …

Wunderblume

Auch die Wunderblume ist ein biologisches Ereignis! Wir können sie mit eigenen Augen sehen und doch gibt es sie nicht. Sie ist präpariert.

Wir brauchen ein Gänseblümchen mit möglichst langem, festem Stiel und vier bis sechs Blütenköpfchen. Diese reihen wir sorgfältig Köpfchen für Köpfchen auf den Stiel.

Wunder-wunder-wunderbar,
meine Blumen haben Engelshaar,
so ein Wunder. Ist das wahr?

Wunder-wunder-wunderbar,
meine Blumen können singen,
so ein Wunder. Ist das wahr?

Wunder-wunder-wunderbar,
meine Blumen können flöten,
so ein Wunder. Ist das wahr?

ELFEN IM GARTEN

Anna und Peter spielen an einem sonnigen Tag im Garten. Sie setzen sich unter einen Rosenstrauch. Er ist über und über voll mit Rosenblüten und duftet wunderbar. Die Kinder schließen die Augen und lassen sich von diesem betörenden Duft ins Märchenland tragen. Peter blinzelt aus den Augenwinkeln zum Rosenstrauch und erzählt Anna, was er sieht: »Viele Elfen schweben über den Rosenblättern. Sie fliegen hin und her wie kleine Schmetterlinge. Sie haben Farbpinsel und Farbtöpfe dabei und streichen die Blütenblätter rosa an. Einige pinseln grüne Farbe an das Rosenholz und die Blätter. Wenn ihnen die Farbe ausgeht, stellen sie die Töpfe unter einen Sonnenstrahl. Der füllt ihnen die passende Regenbogenfarbe wieder auf.«

Anna spinnt den Faden der Geschichte weiter: »Schau, eine der Elfen ist ein bisschen größer. Sie fliegt auf mich zu und setzt sich auf meine Hand. Sie hat goldenes Haar. Ihr Kleid sieht aus wie eine duftige Regenbogenwolke. Sie sagt: ›Ich bin die Elfenkönigin. Ich werde dich in unserem Reich herumführen. Es ist überall da, wo Blumen wachsen und blühen. Wir leben in Gärten, Parks und Blumenwiesen. Wir würden nie im Stall, unter der Erde oder im Berg wohnen, wie das die Gnomen und Zwerge tun. Unsere Kleider sind zart und durchsichtig. Sie brauchen Sonne und Licht. Wir lieben Blumen, die große Duftwolken verbreiten. Manchmal besuchen wir auch die Blumensträuße in euren Stuben.‹«

»Still«, sagt Peter, »jetzt spricht die Elfenkönigin zu mir. Sie verrät mir das Geheimnis der Rose: ›Die Rose ist ein Sonnenkind. Sie ist die Königin der Blumen. Es gibt unendlich viele Sorten. Sie haben wunderbare Namen wie: Schneewittchen, Märchenland, Raubritter, Lichtkönigin, Goldstern, Feuerball und Duftwolke.‹« Die Elfenkönigin führt die zwei Kinder nun zum blühenden Rhododendronbusch in der schattigen Ecke des Gartens. Zum Staunen der beiden sitzt ein Elfenorchester in den Rhododendronblüten und spielt zarte Blumenmusik auf winzig kleinen Instrumenten. Alle Musikantenelfen tragen lila Kleider. Sie passen genau

zu den Blüten des Strauches. Die Elfenkönigin erklärt den beiden: »Unsere Elfenkleider passen sich immer der Farbe der Blüten an. Wenn Elfen Maiglöckchen betreuen, tragen sie weiße Kleider, und wenn sie Löwenzahn saftig gelb anstreichen, sind ihre Kleider gelb.

Die Elfenkinder sind sehr fleißig. Wenn sie nicht malen, spielen sie Elfenmusik zur Freude der Käfer, Heupferde und Schnecken. Es vergeht kein Tag ohne Musik und Tanz. Zum Schlafen schlüpfen wir in die Blütenkelche oder lassen uns von Blumenblättern zudecken.«

Die Sonne verschwindet hinter einer Wolke. Die Elfenkönigin und ihre Elfen ziehen sich in die Blumen zurück. Auch Peter und Anna ist es kühl geworden. Sie verlassen den Garten und gehen ins Haus. Beide freuen sich schon jetzt auf den nächsten Sonnentag und hoffen auf eine neue Begegnung mit den Elfen.

Wagen

Der Blumenwagen regt die Fantasie der Kinder an. Sie spielen damit Zwergenreich, träumen von Gold, Silber und Edelsteinen, führen Däumling damit spazieren und lassen ihn von Elfen ziehen.
Interessanterweise drehen sich die Räder wirklich, wenn wir den Wagen über eine raue Holz- oder Steinfläche ziehen.

Wir suchen ein längliches Blatt mit Stiel und falten es in der Mitte zusammen. Mit einem Ästchen lochen wir sorgfältig Hinter- und Vorderachse vor. Nun pflücken wir vier Gänseblümchen. Zwei sollten einen 3 cm langen Stiel haben. Von den beiden andern brauchen wir nur die Köpfchen. Jetzt schieben wir ein Gänseblümchen mit Stiel als Hinterachse durch das Blatt und montieren auf der Gegenseite das Blumenköpfchen als Rad, genauso wie bei einer Hantel. Bei der Vorderachse wiederholen wir dasselbe. Nun können wir den Wagen sorgfältig am Blattstiel ziehen. Und der Wagen rollt!

Machet auf das Tor,
machet auf das Tor,
es kommt ein goldner Wagen.

Was bringt er denn?
Was bringt er denn?
Was kann er alles tragen?

Gold und Silber fein,
Gold und Silber fein
und dazu viel Edelstein.

Orakel

Mit Gänseblümchen und Margeriten spielen wir Orakel. Die weißen Blätter der Blumenkrone werden der Reihe nach ausgezupft, dazu stellen wir Fragen über die Liebe, das zukünftige Leben und den Tod. Das letzte Blütenblatt entscheidet die Orakelfrage.

Als Liebesorakel fragen wir:

Er liebt mich, von Herzen,
mit Schmerzen, über alle Maßen,
ganz rasend, ein wenig
oder gar nicht?

Wenn ich sterbe, wo komm ich hin:

In die goldene Lichterstadt,
zum Regenbogen oder
singe ich im Engelschor?

Was kann ich werden:

Kaiser, König, Bettelmann,
Zwerg, Riese,
Hexe oder Drachen?
Zauberer, Clown,
Zirkusdirektor, Pilot,
Raumfahrer oder Polizist?

PFEIFEN

Unter Kindern ist Pfeifen eine begehrte Kunst. Pfeifer werden beachtet und bewundert. Besonders hoch im Kurs stehen jene, die laut durch die Finger pfeifen können. Vom Frühjahr bis in den Sommer hinein machen sich Kinder überall einfache Lärminstrumente aus Pflanzenteilen. Ihre Lust am Blasen, Zirpen, Pfeifen ist beinahe unersättlich und macht die kleinen Musikanten erfinderisch. Sie erzeugen Töne mit Grashalmen, Blättern, Löwenzahnstängeln und Wiesenkerbeln.

Wer kann singen und pfeifen
und durch die Hecken streifen
und sagen: »Löffelchen,
Stöffelchen, Pantöffelchen«?

Beim Aufsagen werden alle f mit dem Mund gepfiffen. Mit diesem Vers üben Kinder das Pfeifen. Nichtpfeifer necken wir mit dem Spottvers:

Machst ja nur die Lippen kraus,
bringst kein Pfeifenton heraus!

Graspfeife

Für die Graspfeife brauchen wir einen möglichst festen, breiten Grashalm, etwa von der Quecke.

Auf Sonntagsspaziergängen im Frühjahr zeigen wir den Kindern, wie mit Grashalmen gepfiffen wird. Auch junges Getreide und frische Buchenblätter eignen sich gut. Man spannt einen Grashalm zwischen die Daumen und bringt das Blatt mit starkem Blasen in Schwingung. Das Spiel auf dem Grashalm lockt wimmernde, ächzende Töne hervor, die aber auch scharf, durchdringend und stechend sein können. Wir schleichen uns gegenseitig an und erschrecken einander zum Spaß mit diesem Wimmergeheul.

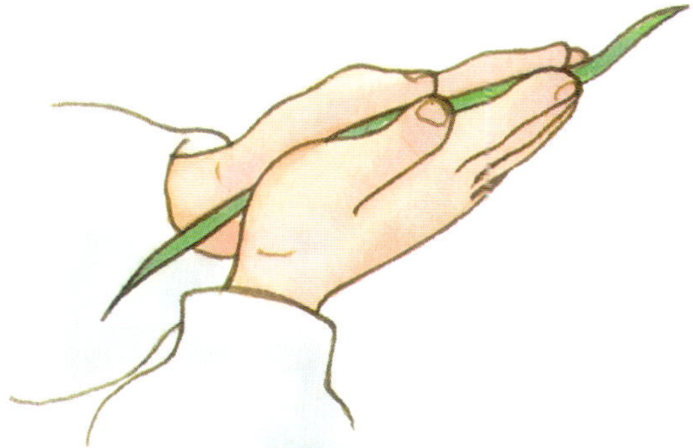

Bärenklau (1)

Der Bärenklau ist eine Doldenpflanze mit dickem, hohlem Stängel, Höhe 30 bis 150 cm. Er blüht von Juni bis Oktober auf frischen Wiesen und in lichten Wäldern.

Vorsicht: Der frische Saft brennt auf der Haut.

Wiesenkerbel (2)

Er gehört ebenfalls zur Familie der Doldengewächse und wird 80 bis 150 cm hoch. Der Stängel ist dick und hohl. Die weißen Dolden blühen von Mai bis Juni massenhaft auf fetten Wiesen.

Kerbelpfeife

Mein Großvater trug immer ein Taschenmesser bei sich. Er schnitt mir Jahr für Jahr im Frühsommer die erste Kerbelpfeife. Gespannt verfolgte ich als Kind, wie er für mich mit Kennerblick den dicksten, saftigsten Kerbel aussuchte. Daraus lassen sich gute Pfeifen schneiden. Kerbelpfeifen sind eintönige Flöten. Auf diesem uralten Kinderspielzeug wird zur großen Freude der Kinder jedes Jahr im Frühsommer wieder gepfiffen. Ich erinnere mich an den spannenden Augenblick, wenn ich mit großem Atemdruck versuchte, dem grünen Stängel einen Ton zu entlocken. Welche Wonne, wenn es tönte! Denn nicht jede Flöte ist gut, und sie pfeift nur, solange sie saftig ist. Die Tonhöhe hängt von der Dicke und Länge der Flöte ab. Je dicker und je länger eine Flöte, desto tiefer ist ihr Grundton und umgekehrt.

So wird die Pfeife geschnitten:

Die Länge entspricht dem Abstand zwischen zwei Wachstumsknoten. Dieses Stück sollte möglichst dick und gerade sein. Der natürliche Wachstumsknoten schließt das untere Ende der Flöte ab. Das Mundstück bildet die offene Röhre. Die Stimmritze schneidet man der Länge nach sorgfältig ein. Das Messer darf nur in den Hohlraum eindringen und nicht den ganzen Stängel durchschneiden! Je nach Größe der Flöte wird der Schlitz der Stimmritze zehn oder mehr Zentimeter lang. Er darf oben und unten nicht bis zum Rand der Flöte geschnitten werden.

Ich hab eine Flöte aus Kerbelkraut,
drauf spiel ich mal leise,
drauf spiel ich mal laut.
Ich hab sie mir ganz allein gebaut.
Ich habe sie heimlich
mir selber gemacht
und spiel sie,
solange der Mai uns lacht.

Pfaffenröhrlein

Die Löwenzahnpfeifen

»Pfaffenröhrlein« oder »Hippi«, wie sie je nach Gegend genannt werden, sind einfach zu machen. Ein 5 cm langes Stück Löwenzahnstängel wird auf der einen Seite flach gedrückt. Dieses flach gedrückte Ende stecken wir in den Mund und blasen kurz und kräftig hinein. Schon klingt es: »Hippe, hippe hi-i-i.«

Je nach Dicke des Stängels klingt es höher oder tiefer. Weil dem hohlen Blütenstängel manchmal recht sonderbare Töne entweichen, trägt das einfache Blasinstrument unter Kindern auch den Spottnamen »Furzer«.

Der Michel kommt,
der Michel kommt,
mit seiner langen Pfeifen.
Hat siebenundsiebzig Löcher drin,
zehn Finger nur zum Greifen.

Maienflöte

Im Frühjahr, wenn der Saft in die Bäume steigt und die Knospen springen, ist die rechte Zeit zum Flötenschnitzen. Zum Herstellen ist die Maienflöte recht anspruchsvoll. Sie kann verschieden hohe Töne erzeugen. Wir schnitzen sie aus Esche, Weide oder Holunder.

Wir besorgen uns eine schöne, glatte Rute und suchen uns ein fingerdickes, langes Stück heraus. Zwischen zwei Knospen sollte ein gerades, astloses Stück von 10 bis 15 cm Länge sein. Am dünneren Ende, knapp unterhalb der Knospe, sauber und gerade durchschneiden.

1. Bei diesem dünneren Ende einen Schrägschnitt für das Lippenstück anbringen.

2. Oberhalb der unteren Knospe die Rinde rundum einschneiden.

3. Auf dem Knie, mit flach liegender Messerklinge, vom Rindenschnitt her den Saft mit kräftigen Bewegungen nach vorn streichen, so lange, bis sich die Rinde rundum vom Holz löst.

Diese Geduldsarbeit geht besser zusammen mit einem rhythmischen Vers:

Esche, Esche, Eschensaft,
Rinde, löse dich vom Schaft!
Esche, Esche, Eschensaft,
Rinde, löse dich vom Schaft!

4. Mit der einen Hand den Ast fest halten, mit der andern das Rindenstück sorgfältig herausdrehen.

5. Zum Einschneiden des Luftloches brauchen wir ein scharfes Messer. Auf der Gegenseite des Schrägschnittes schneiden wir 2 cm tiefer das halbmondförmige Luftloch ein, und zwar mit einem geraden Schnitt …

6. … und einem Schrägschnitt.

7. Das Keilstück des Luftloches sorgfältig herausnehmen.

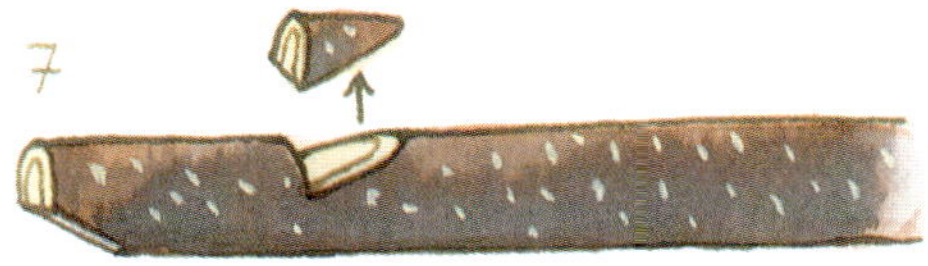

8. Die lose Rindenröhre vom Kernholz ziehen.

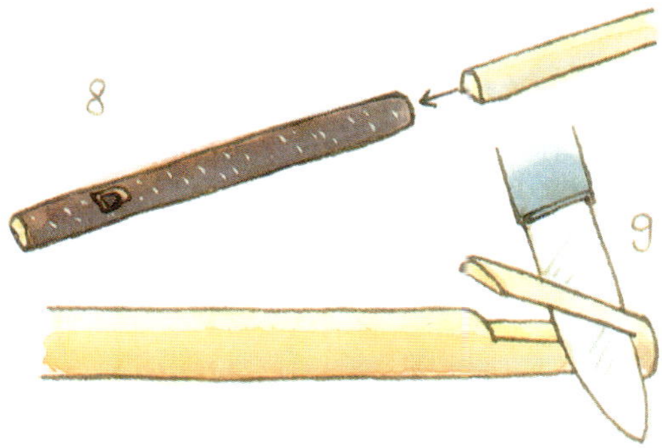

9. Von der Kerbe des Luftloches her zum Lippenstück einen flachen Holzspan wegschneiden. Das ergibt im Kernholz den Luftkanal.

10. Jetzt trennen wir mit einem sauberen Schnitt, genau bei der Kerbe, das Lippenstück vom Kernholz ab.

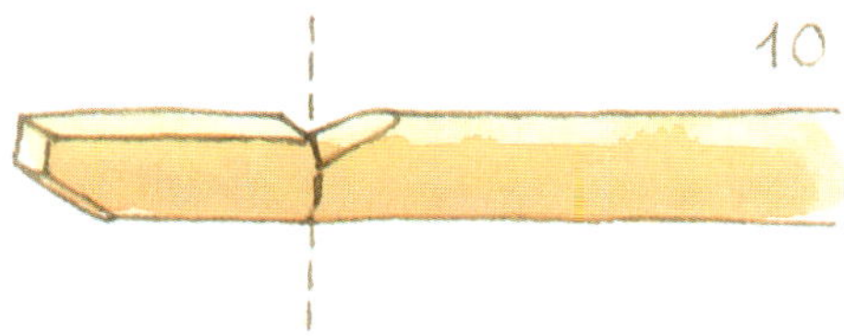

11. Das Lippenstück wieder zurück in die Rindenröhre schieben.

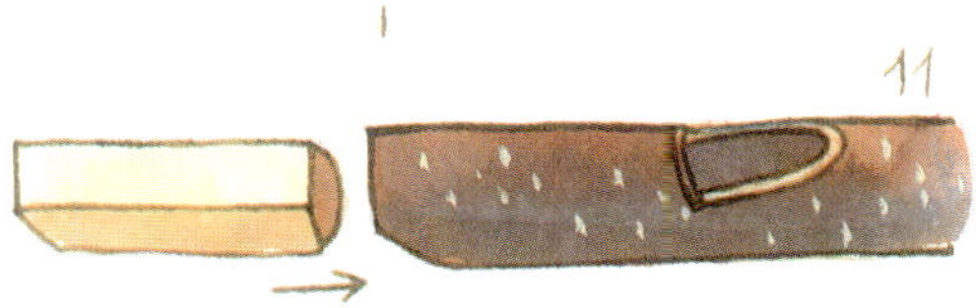

12. Den andern Kernholzteil stecken wir unten in die Rindenröhre hinein. Nun ist die Flöte bereit zum Blasen.

Je weiter man den Stock in die Hülse hineinschiebt, umso heller wird der Ton; zieht man ihn heraus, so wird er tiefer. Mit etwas Übung können sogar einfache Melodien gespielt werden. Wer versucht's mit »Alle meine Entchen«?

Magst du gerne Butter?

Wir strecken einem Kind eine Hahnenfußblüte unter das Kinn, so dass sich das Gelb der Blüte auf der Haut spiegelt, und fragen: »Magst du gerne Butter?«
Die Antwort hängt nicht vom Befragten ab, sondern von der Spiegelung der gelben Farbe! Ist sie ersichtlich auf der Haut, isst der Befragte Butter gern.

Hahnenfuß

Zur Gattung Hahnenfuß gehören bei uns etwa 25 Arten, die alle gelb oder weiß blühen und sehr ähnlich aussehen. Hahnenfuß findet man von April bis August. Für Ohrringe brauchen wir leuchtend gelbe Blumen. Sie werden im Volksmund auch Butterblumen genannt. Alle Arten enthalten Giftstoffe, deshalb nach Gebrauch immer die Hände waschen!

Ohrring

1. Wir brechen eine Löwenzahnblüte ab, drücken den weißen Saft aus und tupfen ihn mit der Unterseite eines Gänseblümchens auf.
2. Das Gänseblümchen mit der Saftseite sofort ans Ohrläppchen drücken und einen Moment anpressen.
3. Wir können als »Ohrring« auch eine Hahnenfußblüte nehmen. Erstaunlicherweise klebt die Löwenzahnmilch so gut, dass die Ohrringe einige Stunden haften bleiben!

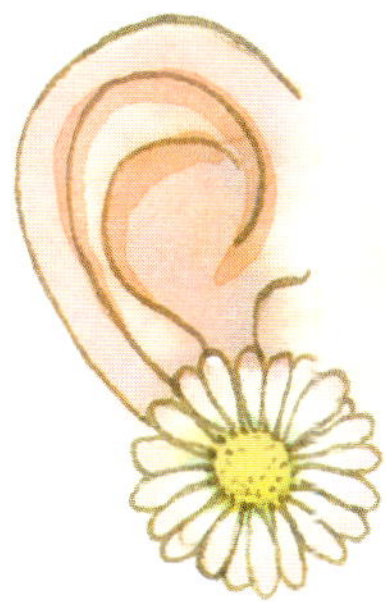

Pfingstrose

Diese königliche Blütenstaude ist aus dem Fernen Osten zu uns gekommen und blüht im Mai/Juni in den Gärten. Die roten, üppigen Pfingstrosen leuchten von weitem. Es gibt gefüllte und ungefüllte, rote, weiße, rosa und lila Blüten.

Parfüm

Kleine Mädchen träumen von Rosenwasser und Parfüm. Kinder sind experimentierfreudig und lieben es, eine eigene Wundermixtur zu mischen. Pfingstrosen eignen sich besonders gut dazu, weil sie viel Farbe abgeben. Die verblühten Pfingstrosenblätter werden kurz bevor sie abfallen gepflückt und in Gläser gelegt. Die Blütenblätter mit wenig Wasser übergießen und mit einem Stecken zerstampfen.

Das Parfümmachen wird spannender, wenn sich ein paar Freundinnen zusammentun. In welchem Glas verfärbt sich das Wasser zuerst? Wer bekommt den dunkelsten Farbton, wer den hellsten? Das Farbwässerchen wird zuletzt durch ein Sieb in ein neues Glasgefäß umgeschüttet.

Selbstverständlich lassen sich auch andere Blütenblätter verarbeiten, Rosen etwa oder im Herbst Dahlien. Grünes Wasser erzielt man durch Zerstampfen von Laubblättern. Die farbigen Wässerchen lassen sich gut mischen. Kinder genießen das Ineinanderfließen verschiedener Flüssigkeiten und den Farbwechsel der neuen Mischung.

Vorsicht: Die Säfte dürfen nie getrunken werden!

Rosenduft für den Winter

Wir legen abgefallene farbige Blätter von verblühten Rosen in einen Teller und stellen ihn in die Sonne. Die Blätter werden täglich gewendet, bis sie getrocknet sind. Dann füllen wir die dürren Blätter in ein verschließbares Glas: abwechselnd eine Lage Blätter und eine Lage Meersalz hinzufügen. Im Winter öffnen wir das Glas und legen die Rosenblätter auf ein Schälchen. Sie werden uns den Rosenduft des Sommers in die Stube zaubern.

Sommer

Tra-ri-ra! Der Sommer, der ist da!
Wir wollen in den Garten
und wolln des Sommers warten!
Ja, ja, ja! Der Sommer, der ist da!

Tra-ri-ra! Der Sommer, der ist da!
Wir wollen hinter die Hecken
und wolln den Sommer wecken.
Ja, ja, ja! Der Sommer, der ist da!

Tra-ri-ra! Der Sommer, der ist da!
Der Sommer hat gewonnen,
der Winter hat verloren.
Ja, ja, ja! Der Sommer, der ist da!

Tra-ri-ra! Der Sommer, der ist da!
der Winter liegt gefangen,
wir schlagen ihn mit Stangen.
Ja, ja, ja! Der Sommer, der ist da!

Gartenmohn

Die Staude kann bis zu einem Meter hoch werden. Sie braucht viel Sonne und kräftigen Boden. Die Pflanze sondert weiße Milch ab. Die großen knallroten Blüten blühen im Juni und Juli. Dunkelviolette Staubfäden umschließen die großen Samenkapseln. Auf dem Blütengrund sind die roten Blätter schwarz geflammt. Die grünen Blütenknospen sind behaart.

MOHNBLUMEN

Aus Garten- und Feldmohn lassen sich allerliebste Püppchen anfertigen. Sie sind klein und zerknittern leicht, und doch können sie Kinder einige Stunden zu unbeschwertem, fantasievollem Puppenspiel anregen. Es gibt zwei traditionelle Arten, Mohnpüppchen zu machen.

Mohnpuppe mit Seidenkleid

1. Wir schneiden eine Mohnknospe ab. Vom Stiel lassen wir 1 cm stehen. Dazu brauchen wir eine Samenkapsel einer verblühten Mohnblume.

2. Wir trennen den Stiel unter der Kapsel ab und bohren mit einem Messerchen ein Loch hinein.

3. Wir stecken Mohnknospe und Kapsel zusammen. Die Kapsel bildet den Kopf der Puppe.

4. Nun biegen wir die grünen Kelchblätter vorsichtig auseinander, so dass sie nicht abreißen. Sie stellen den Mantel des Püppchens dar.

5. Die feuerroten Blütenblätter so weit herauszupfen, dass sie wie ein prächtiges Seidenkleid erscheinen.

6. Mit wasserfestem Filzstift Gesicht aufmalen.

Mohnpuppe mit Cape

1. Hier verwenden wir Mohnblumen, die bereits voll aufgeblüht sind. Die Kelchblätter sind in diesem Fall überflüssig und werden, wenn sie noch vorhanden sind, abgezupft. Den Stiel 15 bis 20 cm stehen lassen. Wir biegen jetzt die Blütenblätter sorgfältig nach unten. Draufblasen hilft dabei.

2. Die Blütenblätter des Gartenmohns brechen leicht, deshalb schieben wir sie sorgfältig mit der hohlen Hand nach unten.

3. Wir schieben unter eines der Blütenblätter ein Zweiglein. Es markiert die Arme.

4. Damit das Püppchen eine hübsche Taille erhält, binden wir es mit einem Wollfaden zusammen.

5. Die zahlreichen Staubgefäße bilden eine lustige Halskrause. Vorn, wo das Gesicht mit wasserfestem Filzstift aufgezeichnet wird, schneiden wir die Staubgefäße ab, damit das Gesicht frei ist.

6. Verwenden wir Gartenmohn in verschiedenen Farben, wird unsere Gesellschaft ganz besonders prächtig. Fuchsien, Glockenblumen und einzelne Blütenblätter der Akelei geben als Kopfbedeckung jeder Dame ihr eigenes Gepräge. Welches ist das hübscheste Hutmodell dieser Saison?

Prinzessin mit dem roten Rock,
hat bunte Federn auf dem Hut.
Hei, das steht ihr gut.

Prinzessin mit dem grünen Kragen,
will ein langes Ballkleid tragen
und ein Tänzchen wagen.

Blumenelfe,
tanz mit mir,
dreh dich sanft im Wind,
tanz, mein Blumenkind.

Blumenelfe,
sing mit mir,
fliege durch die Luft,
verbreite süßen Duft.

Blumenelfe,
schweb mit mir,
reite auf dem Schimmel,
wiege dich im Himmel.

Hexe

Beide Arten der vorher beschriebenen Mohnpüppchen lassen sich mit Feldmohn ausgezeichnet herstellen. Feldmohn ist sogar leichter formbar. Bei diesen zarten Gebilden binden wir die Taille nicht mit einem Wollfaden, sondern mit einem Grashalm ab. Stecken wir durch die Mohnpuppe eine Ähre, einen Roggenhalm oder eine Grasrispe, scheint die Hexe auf dem Besen zu reiten.

Feldmohn

Er wächst an Straßenrändern, Böschungen und auf mageren Wiesen. Er ist viel kleiner als der Gartenmohn und blüht den ganzen Sommer über. Die auffallend roten Blütenblätter sind von weitem zu sehen.

Ich bin die Sommerhexe
im roten Kleid aus Mohn,
flieg auf dem Roggenbesen
in lauer Luft davon!

Mohnpuppe beim Essen

Die Blumenpuppen lassen sich gut zwischen Steine setzen. In Buchsblättchen wird ihnen hier die Mahlzeit serviert.

Lisa wollte Kuchen backen,
Klaus sollt ihr die Mandeln hacken,
doch was tat der Bösewicht?
Aß sie auf und hackt sie nicht.

Lisa wollte Mittag machen,
Suppe, Fleisch und andre Sachen,
leider wurde nichts daraus,
denn das Feuer ging ihr aus.

Lisa wollte bald verzagen,
da hört sie die Mutter sagen:
Nur Geduld, du lernst es noch,
du mein kleiner Suppenkoch!

Ihr Kinder, kommt herbei.
Wir kochen einen Brei.
Der Topf, der ist schon hier.
Den Löffel holen wir.

Mohnpuppe in der Wiege

Zum Schlafen legen wir das Mohnpuppenkind in eine Zündholzschachtel. Kleine Blätter dienen als Kissen und Decken. Die Klatschmohnmutter singt es in den Schlaf.

Träum, mein Kindchen, träume,
im Garten blühn die Bäume.
Wind spricht mit den Blättern sacht.
Mach zu die Äuglein, gute Nacht!
Träum, mein Kindchen, träume,
im Garten blühn die Bäume.

Kindlein mein, schlaf doch ein,
weil die Sternlein kommen,
und der Mond kommt auch schon
silbern angeschwommen.
Eia, Wieglein, Wieglein mein,
schlaf mein Kindlein,
schlaf nur ein.

Libelle

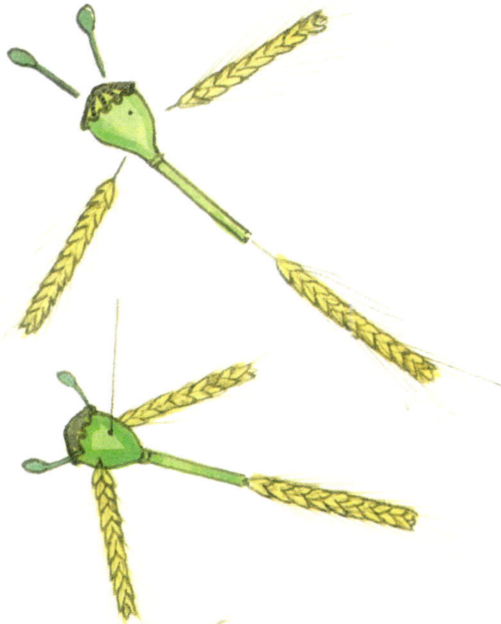

Zum Basteln einer Libelle schneiden wir die Samenkapsel eines verblühten Gartenmohns und drei Roggenähren ab. An der Mohnkapsel lassen wir einen 3 bis 5 cm langen Stiel stehen. Eine Roggenähre stecken wir in den Stiel. Sie bildet den Schwanz. Die beiden andern Ähren stecken wir beidseitig in die Mohnkapsel. Die Fühler markieren zwei Gräser, Zweiglein oder, wie hier, zwei Tagetesknospen. Damit die Libelle fliegen kann, durchstechen wir sie mit einem starken Faden. Der Aufhängefaden muss möglichst vorn an der Kapsel angebracht werden, damit sie beim Fliegen nicht Kopf steht, denn sie ist sehr schwer. Wir können die Libelle in der Hand tragen und fliegen lassen oder ins offene Fenster hängen und beobachten, wie sie sich leise im Wind dreht.

Mit Flügeln wie Gläser
über Blumen und Gräser
fliegt munter und schnelle
die bunte Libelle.

GRÄSER

Gräser sind faszinierende Pflanzen. Bei uns wachsen 8000 verschiedene Arten. Ich bewunderte als Kind Wiesen, die wie das Meer wogten, wenn der Wind darüber strich. Das Zittergras hatte es mir angetan, weil es beim geringsten Lufthauch mitschwingt und zittert. Es beeindruckte mich auch, dass Gras stärker sein kann als Holz. In einem Sturm wird es nicht geknickt: Es legt sich zur Erde und steht nachher wieder auf.

Bei uns zu Hause gebrauchte man das Sprichwort: »Der hört sogar das Gras wachsen!« Ich nahm das Sprichwort wörtlich und legte mich öfters in die Wiese, um das Gras wachsen zu hören. Leider habe ich es nur selten gehört. Es wurde meistens übertönt von Insektengesumm, Grillengezirpe und Vogelgezwitscher. Aber in meiner Fantasie sah ich Grüngnomen und Zwerge unter der Erde. Sie bürsteten und putzten die Wurzeln der Grasbüschel und schoben die Gräser gemeinsam in die Höhe. Ich war überzeugt, wenn die Sonnenstrahlen auf die Gräser fielen und sie saftig grün glänzten, dass das kleine Volk unter der Erde fleißig am Arbeiten war.

Gras ist ein herrliches Naturmaterial. Vom Frühjahr bis in den Herbst hinein fordert es die Kinder auf, damit zu spielen.

Wiesenrispengras

Das Wiesenrispengras ist ein sehr häufiges Wiesengras. Die Rispe ist bläulich grün, manchmal fast violett. Für unser Ratespiel eignen sich praktisch alle Rispengräser, auch der Flaumhafer, der Goldhafer und vor allem der Wiesenschwingel.

Grasratespiel

Huhn oder Hahn?

1. Ein Kind pflückt sich ein Rispengras und streckt es einem andern vor das Gesicht mit der Frage:
»Was willst du, Huhn oder Hahn?«
Das Gefragte gibt seinen Wunsch an. Nun zieht das Kind mit dem Rispengras den Halm durch die Finger nach unten.
2. An der Form des Grasbüschelchens zwischen dem Zeigefinger und dem Daumen lässt sich ablesen, ob ein Hahn oder ein Huhn entstanden ist: Sind die »Schwanzfedern« groß und hoch, ist es ein Hahn; sind sie stumpf und klein, ist es ein Huhn.

DER DICHTERZWERG IN DER WIESE

Peter geht im Sommer oft barfuß. Er kann mit seinen Füßen »sehen«. Mit der nackten Haut spürt er Steinchen, Schneckenhäuser, Blumen und Grasbüschel. Manchmal versucht er mit geschlossenen Augen zu erraten, welche Pflanzen oder Gegenstände seine Füße berühren. Denn ein Breitwegerich ist kein Spitzgras und ein Kieselstein ist kein Maulwurfshügel. Seine Zehen erforschen den Unterschied von warm, sandig, stachelig, klebrig, feucht, kühl, glatt, rau, unangenehm und wohlig. Heute hüpft Peter barfuß durch die Wiese. Er singt dazu:

»Grünes Gras, grünes Gras,
unter meinen Füßen,
du kitzelst mich, ich liebe dich,
ich lass dich herzlich grüßen!«

»Aua, drück mich nicht so!«, ruft ein feines Stimmchen. Peter hält erschrocken inne. Er sucht zwischen den Grashalmen nach dem sonderbaren Sprecher. Der sitzt hinter einem dicken Grasbüschel am Boden und schimpft wie ein Rohrspatz. Peter schaut sich das kleine Männchen genauer an. Es hat einen grauen Bart und trägt eine rote Mütze. Neben ihm liegt ein dickes Buch auf der Erde und ein Knäuel Gras. Das Männchen springt auf und gestikuliert wild mit seinen Armen. Es quietscht aufgebracht: »Was fällt dir ein, du Rotznase! Du hast mir meine Grashängematte zertreten. Wie soll da unsereins noch dichten können?« Peter legt sich zu dem Dichterzwerg ins Gras und entschuldigt sich für seinen Fehltritt. Der Zwerg beruhigt sich und brummt in seinen Bart: »Schon gut, schon gut. Interessierst du dich für Zwergengedichte?« Peter bejaht die Frage. Da beginnt ihm das kleine Männchen von seinen Freunden, den Grüngnomen, zu erzählen, dem Leuchtkäferlein, der Hummel, dem Schmetterling, den Ameisen, Grillen und Heupferden. Er liest Peter seine Gedichte vor:

Es regnet, es regnet,
die Erde wird nass,
da freut sich der Grüngnom,
nun wächst ihm sein Gras.

Schmetterling, setze dich zu mir,
ich tu dir nichts zu Leide.
Ich will deine bunten Flügel sehn,
bunte Flügel, meine Freude!

Mit einem Laternchen,
das leucht wie ein Sternchen,
wandert lustig und fein
das Leuchtkäferlein.

Die Zwerge in der Erde
sind ein gar lustig Volk.
Sie putzen und bürsten
die Wurzeln der Pflanzen.
Sie schieben und stoßen
alles Grünzeug ans Licht.
Sie brauchen für ihre Arbeit keine Uhr,
denn alles Weitere besorgt die Natur.

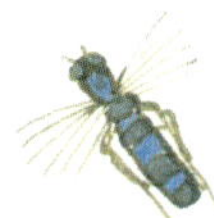

Mit lautem Gesumme
und tiefem Gebrumme
so gehen sie bummeln
die schwarzbraunen Hummeln.

Stolz klappt der Dichterzwerg sein dickes Buch zu und verschwindet in der Wiese. Peter sitzt ganz erstaunt da. Er hat vorher noch nie etwas von dichtenden Zwergen gehört. Und jetzt lebt ausgerechnet einer in seiner Wiese. Peter freut sich sehr. Er will versuchen, ihn in Zukunft nicht mehr zu erschrecken.

FLECHTKÖRBCHEN

Breitwegerich
Auch er wird 10 bis 40 cm hoch. Die Blätter bilden eine am Boden anliegende Rosette. Sie sind breit und haben nur einen kurzen Stiel. Die Blütenähren sind gut sichtbar, und die Staubbeutel schimmern lila.

Ich erinnere mich noch gut: Als ich neun Jahre alt war, brachte mir Großtante Anna aus Brienz in den Sommerferien das Flechten von Breitwegerich bei.
Sie zeigte mir, wie man mit Mund und Händen aus Wegerichstängeln ein kunstvolles Henkelkörbchen flicht. Man braucht zum Flechten immer zwei Personen, allein lässt sich dieses Körbchen nicht herstellen. Seine Form erinnerte mich als Kind an ein Schiffchen. Ich füllte es mit bunten Sommerblumen und schmückte damit den Tisch.

So sieht unser geflochtenes Körbchen aus. Wirkt es nicht sehr hübsch und dekorativ, wenn es mit Blumen gefüllt ist?

Wir flechten ein Breitwegerichkörbchen

Zuerst sammeln wir 15 bis 20 Breitwegerichstängel. Dann können wir mit dem Flechten des Körbchens beginnen. Wir brauchen dazu noch eine Schere und etwas Wollgarn zum Abbinden.

1. Zwei Partner halten einen Wegerichstängel mit dem Mund fest, und zwar bis das Körbchen fertig geflochten ist! Er bildet am Schluss den Henkel.

2. Ein Partner übernimmt das Flechten. Er legt einen Wegerichstengel unter den »Mundhalm«.

3. Er schlingt diesen um den »Mundhalm« herum, kreuzt die Enden, streckt sie seitwärts und legt sie dem Partner zum Festhalten in die Hände. Er selber hat nun die Hände wieder frei und kann nach einem neuen Stängel greifen.

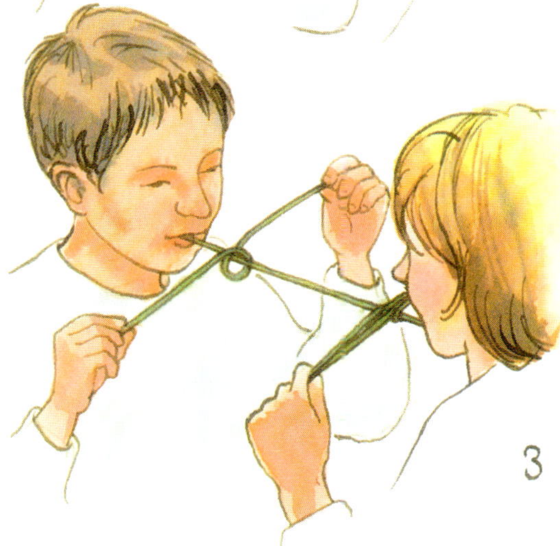

4. Es werden auf diese Art 12 bis 15 Wegerichstängel um den »Mundhalm« geflochten.

5. Jetzt werden die Halme beidseitig am Ende zusammengerafft, mit Wollgarn umwickelt und gut verknüpft.

5

6. Der »Mundhalm« wird hoch gebogen und zum Henkel gekreuzt. Mit Wolle abbinden und verknüpfen.

6

7. Mit der Schere schneiden wir seitlich und am Henkel alles überflüssig Vorstehende ab.

7

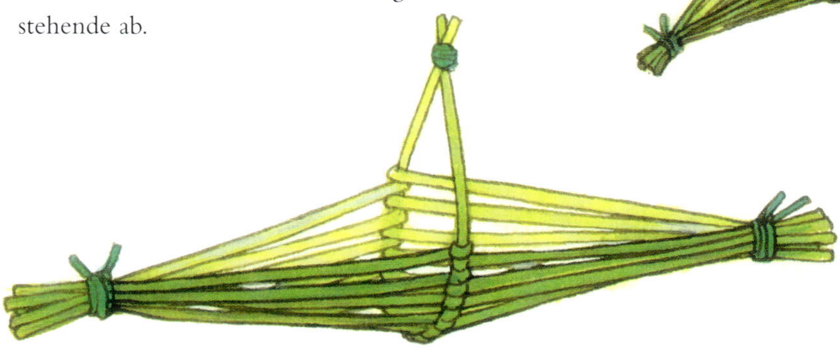

Taubenkropf

Er wird 40 bis 50 cm hoch und ist auf trockenen Wiesen und an Wegen häufig anzutreffen. Er blüht von Juni bis September. Die Blüten sind weiß und die Kelche kahl und bauchig, wie aufgeblasen.

Knallerbse

Kinder sind gute Beobachter. Zeigen wir ihnen auf dem nächsten Junispaziergang in der Wiese oder am Wegrand den Taubenkropf. Er ist von seiner Blütenform her leicht zu erkennen. Der Taubenkropf heißt im Volksmund »Knallerbse«, weil er mit einem herrlichen Knall auf dem Handrücken zerdrückt werden kann. Zum Knallen nehmen wir einen noch geschlossenen, aufgeblasenen Kelch, halten ihn mit Daumen und Zeigefinger am Stiel fest und zerschlagen ihn mit einer raschen Bewegung auf dem Handrücken.
Noch lustiger wird das Spiel, wenn wir den Knall mit einer kleinen Lautmalerei hervorrufen. Geknallt wird auf die letzte Silbe. Wer erfindet selber einen Knallvers?

Knicke, knacke, knack!
Zicke, zacke, zack!

BLÄTTER

Es ist jedes Mal ein kleines Wunder, wenn im Frühjahr die zarten grünen Laubblätter der Bäume und Sträucher zu sprießen beginnen. Die grünen Blätter sind vielleicht die größte »Erfindung« der belebten Natur. Sie versorgen uns mit Sauerstoff. Die Lebensprozesse von Mensch und Pflanze sind eng miteinander verbunden. Wir brauchen alle Luft zum Atmen. Wir sind gegenseitig aufeinander angewiesen. Das haben die Indianer sehr gut begriffen. Sie sagen: »Die Bäume sind unsere Brüder und die Blumen unsere Schwestern. Wir müssen liebevoll und achtsam mit der Natur umgehen, sonst wird sie krank.« Die Indianer glauben auch, dass die Wälder bei uns am Sterben sind, weil wir verlernt haben, mit den Bäumen und Pflanzen zu sprechen.

Spiele mit Blättern fördern die Liebe zu den Pflanzen, den Tastsinn, die Beobachtungsgabe und das Unterscheidungsvermögen. Zeigen wir den Kindern, wie verschiedenartig die Blattformen der einzelnen Bäume und Sträucher sein können. Werden wir zu »Blattforschern«. Wer findet dreieckige, herzförmige, lanzettförmige, gelappte, gefingerte und gefiederte Blätter? Folgende Spiele sind altüberliefert: Kinder stecken sich Ketten und Blattkronen zusammen, rauchen Pfeife mit einem Ahornblatt und legen gesammelte Beeren in Blattkörbchen. Wer erfindet eigene Sachen?

herzförmig
gesägter Rand
LINDE
eiförmig
gesägter Rand
HAINBUCHE
oval
glattrandig
MAGNOLIE
lanzettlich
glattrandig
SEIDELBAST
gelappt
EICHE
handförmig gelappt
FELDAHORN
handförmig cefiedert
oder gefingert
ROSSKASTANIE

Blätterkette und Blätterkrone

Wenn wir Ketten und Kronen aus Laubblättern machen möchten, suchen wir im Garten oder Wald glattrandige Blätter. Diese stecken wir mit kleinen Ästchen oder – besser noch – mit Föhrennadeln zusammen. Wir legen immer ein Blatt über das andere, so dass wir die Föhrennadel gleichzeitig durch beide stechen können. Den Blätterschmuck tragen wir als Halskette, Arm- oder Fußreif. Mit den Blätterkronen schreiten wir majestätisch daher wie König und Königin oder fühlen uns als Indianerhäuptling.

Grüner, grüner Blätterhut,
steht der Jungfrau gar so gut,
Blätter alle Tage.
Jungfrau, du musst stille stehn
und dich in dem Kreis umdrehn,
Jungfrau, tanze, tanze
in dem grünen Kranze.

Blättertasche

Aus ganzrandigen oder leicht gezähnten Blättern mit starkem Stiel können wir mit Föhrennadeln lustige Taschen zusammenstecken.

1

1. Wir falten das Blatt zur Hälfte um und bohren den Stiel durch das Blatt knapp unter der Spitze.

2

2. Diese vorstehende Spitze bildet den Taschenverschluss.

3/4

3. Nun nehmen wir eine Föhrennadel …
4. … und fixieren damit die Seitennähte unserer Tasche.

5

5. Sieht sie nicht schmuck aus, unsere Tasche? Sie hat genau die richtige Größe für Puppenstubenpüppchen oder Tannenzapfenmännchen.

Ahornblatt

Die Blätter des Spitzahorns (er kann bis zu 30 m hoch werden) sind groß, glänzend und dunkelgrün. Die dünnen Blätter sind fein zugespitzt und haben fünf breite Lappen. Die Flügelfrüchte (Nasen) des Baumes bestehen aus zwei winklig verwachsenen Teilfrüchten. Der Ahorn blüht im April bis Mai, vor Blattaustrieb, in abstehenden, doldenartigen Blütenständen.

Becher

Aus Ahornblättern lassen sich lustige Becher, Sternenkörbchen und Tabakspfeifen herstellen. Becher und Körbchen können wir mit Beeren oder Blumen füllen.
Wir nehmen ein Ahornblatt in die Hand, legen die beiden Lappen neben dem Stiel übereinander und fixieren den Becher, indem wir den Stiel durch beide Lappen stecken.

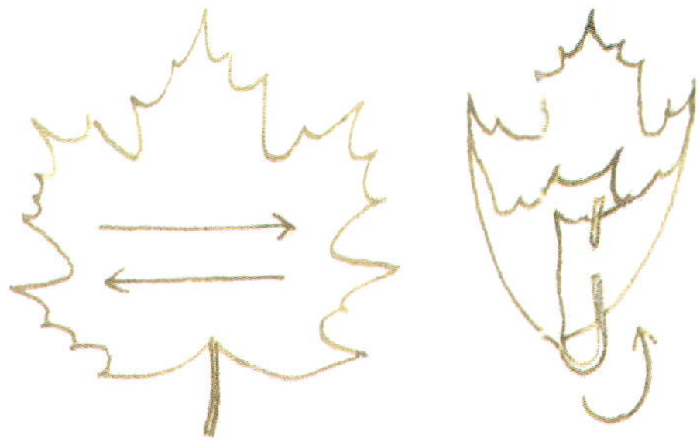

Sternenkorb

Wir nehmen ein Ahornblatt in die Hand, legen die Blattspitze hoch und die daneben liegenden Lappen darüber. Durch alle drei Lappen stecken wir den Stiel von innen nach außen.

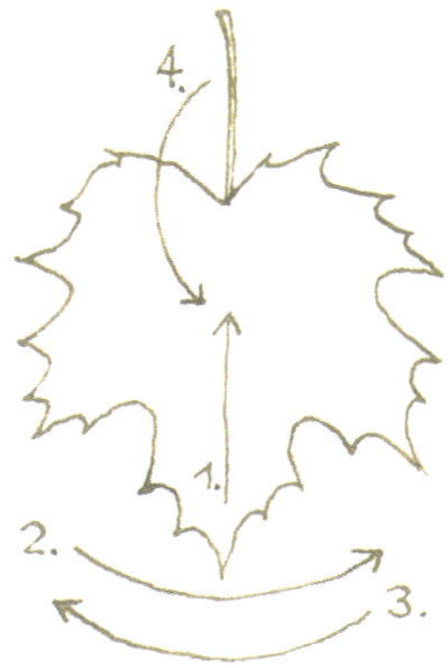

Tabakspfeife

Wir nehmen ein Ahornblatt in die Hand, legen die zwei Lappen neben der Blattspitze übereinander, schlagen diese darüber hoch und fixieren alle drei mit einem Ästchen oder einer Föhrennadel.

Wollt ihr wissen, wollt ihr wissen,
was die alten Herren machen?
Tabak rauchen, Tabak rauchen,
alles dreht sich rundum.

Rosskastanienblätter

Die Kastanienblätter sind groß, langgestielt und gefingert. Sie setzen sich aus fünf bis sieben Teilblättern zusammen.

Lorgnette

Aus Kastanienblättern lassen sich altmodische Stielbrillen, Lorgnons, machen. Vornehme alte Damen musterten um die Jahrhundertwende die Welt durch ihre Stielbrillen. Wer möchte es versuchen?

1. Wir nehmen ein Kastanienblatt,
2. trennen bis auf zwei waagerecht stehende Teilblätter alle ab. (Wir lassen zwei stehen, damit wir im Notfall beim Anfertigen der Brille noch ein «Reserveglas» haben.)

3. Nun ziehen wir vorsichtig zwischen zwei gleichlaufenden Blattnerven die Blattfläche heraus. Damit die Brille am Schluss noch Halt hat, lassen wir jede zweite Blattfläche stehen. Sollte uns bei dieser kniffligen Feinarbeit das Blatt zerreißen, greifen wir zum Reserveblatt. Das Ganze ist eine gute Geschicklichkeitsübung für die Finger.

4. Ist das Lorgnon gut gelungen, entfernen wir das Reserveblatt.

5. Durch die Stielbrille betrachtet, sieht die Welt wirklich ganz anders aus.

Kastanienmarionetten

Kastanienblätter haben einen festen, langen Stiel. Das hat meine Tochter auf die Idee gebracht, Stabmarionetten zu machen. Sie band den Blätterpuppen mit Grashalmen Röcke oder Hosen ab, befestigte als Kopf das kleinste Blatt mit einer Föhrennadel oder einem kleinen Zweiglein am Stiel. Sie markierte die Augen und den Mund mit Blumen und stülpte über den Stiel Blätterhüte auf die Köpfe ihrer Stabmarionetten. Sie ließ ihre Blätterpuppen zu kleinen Liedchen und Sprüchen tanzen.

Für kleine Marionettenspiele eignen sich traditionelle Gesprächsverse und Tanzlieder besonders gut. Wir setzen sie spontan in Bewegung um. Wer erfindet eigene Dialoge?

Beim Einkaufen:

»Guten Tag, guten Tag, Frau Gärtnerin,
haben Sie Lavendel
und ein bisschen Thymian
und ein wenig Quendel?«

»Ja, mein Fräulein, das haben wir
alles in unserm Garten,
Fräulein wird so gütig sein
und ein bisschen warten.

Johann hol den Sessel rein
mit den goldnen Litzen,
Fräulein wird so gütig sein
und ein bisschen sitzen.«

NÖKK, DER GEIGER

Annas Teddybär hat heute Geburtstag. Sie hat sich für ihn eine ganz besondere Überraschung ausgedacht. Sie will ihm den Wasserfall zeigen. Anna packt ein Picknick in den Rucksack und nimmt ihren Bären auf den Arm. Zusammen wandern sie zur kleinen Schlucht des Bergwaldes, wo der Wildbach zischt, donnert und sprudelt. Ganz hinten fällt er als Wasserfall über einen Fels. Die Schlucht ist so tief, dass man den Himmel nur sieht, wenn man den Kopf ganz nach hinten neigt. Auf beiden Seiten des Baches stehen hohe Waldbäume. Der Boden ist voller moosbewachsener Steine. Anna hüpft von Stein zu Stein. Der Wind rauscht in den Baumkronen. Anna setzt sich mit ihrem Teddybär in der Nähe des Wasserfalls auf den Waldboden. Sie breitet das Picknick aus. Sie beginnen zu essen. Fasziniert schauen die zwei zu, wie das Wasser über den Felsen in das Tal fällt. Seine Urgewalt löst ein lautes Donnern und Getöse aus. In den sprühenden Gischtschleiern spielen Regenbogenfarben. In das Tosen des Wildwassers mischt sich das rollende Geräusch der Steine im Bachbett.

Plötzlich erklingt aus dem Wasser eine lockende Musik. Hinter einem Stein, unterhalb des Wasserfalls, bewegt sich etwas. Ein uraltes Wassermännchen, mit einer silbrigen Geige unter dem Arm, tritt hervor. Es schüttelt sich und spritzt Wasser rundum. Es lacht, gluckst und gibt singende Töne von sich. Das Männchen stellt sich vor: »Ich bin Nökk, der Geiger, und wohne seit Menschengedenken hier in diesem Bergbach. Wie wäre es mit einem Geburtstagsständchen, lieber Teddybär?« Zur großen Freude des Geburtstagskindes spielt Nökk ein wunderbares Wasserkonzert. Das Wassermännchen ist voller Töne, leise und laute, hohe und tiefe, schnelle und langsame. Mit seiner Geige zaubert es Wassermelodien in den Bergbach, die murmeln, jauchzen, trillern, donnern und jubilieren. Am Schluss seines Spiels verneigt sich das Wassermännchen vor seinen Zuhörern. Der Teddybär und Anna klatschen begeistert. Sie bedanken sich bei Nökk für diese schöne Geburtstagsüberraschung. Und wupps ist Nökk, der Geiger, schon wieder verschwunden. Er hat sich hinter den Wasserfall

zurückgezogen. Der Teddybär schließt die Augen und lässt die Wassermusik für einen Moment in sich nachklingen. Es scheint ihm, Nökk würde nun hinter dem Wasserfall weiterspielen. Anna räumt die übrig gebliebenen Picknickreste zusammen. Sie sagen dem Wasserfall, der Schlucht und Nökk auf Wiedersehen und machen sich auf den Heimweg. An diesen wundervollen Tag am Wasserfall in den Bergen und an die singende Geige des alten Wassermännchens Nökk werden sich die zwei noch lange erinnern.

FASZINIERENDE STEINE

Steine findet man an allen möglichen Plätzen: im Garten oder im Park, auf dem Land, in den Bergen oder an Flüssen. Die schönsten gibt es an der Küste. Kinder lieben Steine und sammeln sie nach Größe, Farbe und Form. Sie sind fasziniert von ihren außergewöhnlichen Mustern, ihrer intensiven Farbe im Wasser und dem sanften Glanz in der Sonne. Die kleinen Steinsammler fühlen sich mit ihren Schätzen steinreich.

Der Zauberstein

Wir suchen nach einem Stein mit einem Loch. Steine mit Loch sind Raritäten. Das Loch wird über lange, lange Zeit von tropfendem Wasser ausgewaschen. Laut meiner Großmutter sollen sie Zauberkraft in sich haben. Wenn du zur rechten Zeit, am rechten Ort durch das Loch schaust, kannst du Zwerge, Geige spielende Wassermännchen oder Elfen sehen! Wenn es beim ersten Mal nicht klappt, musst du die rechte Zeit und den rechten Ort herausfinden.

Spiralen legen

Wer legt mit seinen Steinen die größte Spirale? Wir legen sie von innen nach außen.

Steinaquarium

Heute sammeln wir bewusst bunte Steine. Wir heben sie in einem gläsernen Gefäß mit Wasser auf. So geben die glänzenden Steine einen hübschen Zimmerschmuck ab. Wir erweitern die Sammlung, wann immer wir außergewöhnliche Steine finden.

Steingesichter

Die Kinder legen auf den Waldboden oder den Sandstrand Steingesichter. Sie formen mit den Steinen den Kopfumriss, Mund, Zähne, Nase und Nasenlöcher, Augen und Brauen, Ohren und Haare. Wer legt mit seinen Steinen das Gesicht einer Prinzessin, wer das einer Hexe oder das eines Riesen?

Klingende Steine

Hast du gewusst, dass Steine Musik machen können? Sammle große, flache Kieselsteine. Nimm in jede Hand einen Stein und schlage sie wie Schlaghölzer zusammen. Je nach Größe und Schlagweise klingen sie anders. Mit den klingenden Steinen begleiten wir rhythmisch unsere Lieder.

RINDEN UND WURZELN

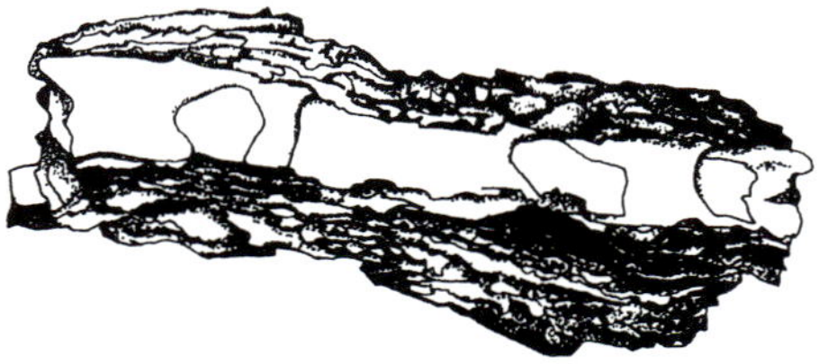

Kiefernrinde

Die Kiefer, auch Föhre genannt, wird bis 40 m hoch und ist ein anspruchsloser Nadelbaum. Ihr Stamm ist mit dicker, rötlich brauner Rinde (Borke) umgeben.

Achtung: Die Rinde dürfen wir nur von gefällten Stämmen ablösen!

Rindenschiff

Ein Rindenschiff ist meist die erste Holzarbeit, die Kinder herstellen. Wir brauchen ein großes, dickes Rindenstück einer Kiefer und ein gutes Taschenmesser. Zuerst schneiden wir aus dem weichen, leichten Holz die Grundform des Schiffchens heraus. Dann höhlen wir das Schiff vorsichtig aus. Als Mast stecken wir eine kleine Haselrute in den Rumpfboden. Dann suchen wir uns ein schönes Blattsegel und stecken dieses an den Mast. Im nächsten Bach oder Brunnen können wir das Rindenschiffchen schwimmen lassen.

Bächlein, kleines Bächlein,
trag mein Rindenschiffchen schnell,
dein Segel ist ein grünes Blatt,
es leuchtet in der Sonne hell.

Schiffchen, kleines Schiffchen,
segle in ein fernes Land,
ich schau dir nach und träume,
von Wellen, Meer und Sand.

Wir sehen schon die Insel
mit ihrem Palmenstrand,
die kleinen Äffchen spielen,
ich winke mit der Hand.

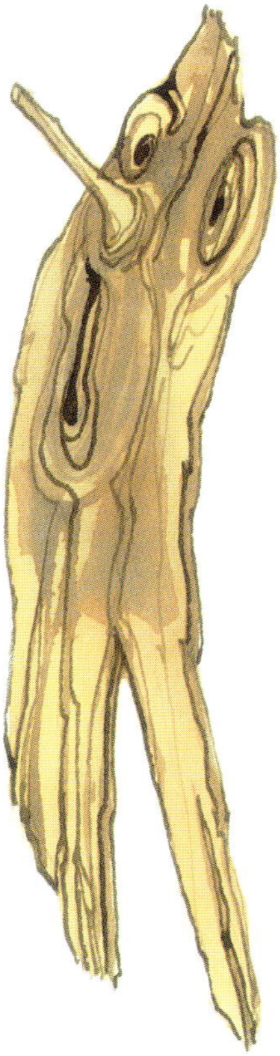

Wurzelzwerge

Beim nächsten Ausflug suchen wir Treibholzstücke, Zweige oder kleine Äste, die vom Baum gefallen sind. Die Kunst ist es, ein Stück Holz zu finden, das bereits einem Wurzelzwerg oder einem Tier ähnelt. In diesem Fall hat nämlich die Natur bereits die meiste Arbeit für uns getan. Wenn wir das Holz bei uns zu Hause noch ein bisschen verändern, können tolle Sachen entstehen.

Zur Bearbeitung brauchen wir ein Taschenmesser und eine Feile. Mit dem Messer arbeiten wir immer von uns weg. Wir sehen uns das Holz genau an und suchen die verborgene Form der Figur, die in ihm steckt. Wir versuchen mit möglichst geringem Aufwand ihr Wesen voll zur Geltung zu bringen. Alle überflüssigen Zweige werden abgeschnitten. Das Gesicht sollte immer deutlich zu sehen sein. Wer sich nicht traut, die Feinheiten des Gesichtes einzuschnitzen, kann Augen, Nase, Mund und Haare auch mit wasserfestem Filzstift aufmalen. Da Wurzelzwerge Tiere lieben, freuen sie sich, wenn wir ihnen Vögel, Schlangen, Fische, Katzen und Füchse zum Spielen in Wurzeln schneiden.

Der Zipfel-Zapfel-Wurzelzwerg
wohnt in einem Zipfel-Zapfel-Wurzelberg.
Er hat eine Zipfel-Zapfel-Wurzelfrau
und im Stall eine Zipfel-Zapfel-Wurzelsau.
Der Zipfel-Zapfel-Wurzelzwerg,
die Zipfel-Zapfel-Wurzelfrau
und das Zipfel-Zapfel-Wurzelkind
tragen rote Zipfel-Zapfel-Wurzelmützen,
nach dem Regen tanzen alle drei
um die Zipfel-Zapfel-Wurzelregenpfützen.
Das Zipfel-Zapfel-Wurzelkind
hüpft im Zipfel-Zapfel-Wurzelwind.
Es hat einen Zipfel-Zapfel-Wurzelhund,
der bellt mit seinem Zipfel-Zapfel-Wurzelmund.
Jeder Zipfel-Zapfel-Wurzelzwerg
kraxelt auf den Zipfel-Zapfel-Wurzelberg.
Er rutscht froh und munter
den Zipfel-Zapfel-Wurzelberg hinunter.
Am Abend legen sich die Zipfel-Zapfel-Wurzelzwerge
zur Ruh im Zipfel-Zapfel-Wurzelberge.

Mooshäuschen für die Zwerge

Beim nächsten Ausflug in den Wald suchen wir uns Baumstrünke, in deren Wurzeln wir Mooshäuschen bauen können für die Zwerge. Wir sammeln Zweiglein, Blätter, Moos, Steine und Schneckenhäuser. Daraus bauen wir ein Zwergenreich. Aus Zweiglein und Blättern entstehen Hausdächer, Tische und Stühle. Das Moos verwenden wir für Teppiche, Betten und Polstermöbel. Mit den Steinen und den Schneckenhäuschen zäunen wir den Garten ein. Aus Tannenzapfen basteln wir Zwerge und Kühe oder Pferdchen. Sie werden staunen, wie viel Fantasie Ihre Kinder entwickeln. Kinder können stundenlang mit Naturmaterial spielen.

Es war einmal ein Zwergenmann,
so fängt die Geschichte an!
Der trippelt und trappelt so leise,
durch den Wald auf seiner Reise.
Bei der hohen Tanne steht er still,
horcht, was der Wind ihm sagen will.
Er klopft mit seinem Hämmerlein,
tief im Berge Silber, Gold und Edelstein.
Er singt und tanzt im Sternenschein,
und schläft im weichen Moosbett ein.
Er träumt sich sieben lange Stund,
zwergenmunter und gesund.

Herbst

Der Herbst ist doch die schönste Zeit!
Was kann wohl schöner sein?
Er hält das reife Obst bereit,
die Nüsse und den Wein.

Der Wald steht nun im schönsten Glanz,
in Rot und Gelb und Braun!
Und wie im schönsten Blütenkranz
ist alle Welt zu schaun.

Da kommt der Sausewind, der Wilde
und bläst die bunten Blätter fort!
Er trägt sie durch die Luft ins Weite,
an einen andern Ort.

Blätterbilder

Bei trockenem Wetter im Herbst gehen wir auf Blättersuche. Im Wald liegt manchmal eine dicke Schicht Laub auf dem Boden. Mit den Füßen können wir herrliche Raschelmusik machen, wenn wir durch das Laub stapfen. Unter Obstbäumen und wilden Reben liegen oft die buntesten Blätter. Wer sammelt rote, gelbe, braune? Zu Hause pressen wir sie ein paar Tage in einem dicken Buch.

Aus Kirschbaumblättern lassen sich auf schwarze oder weiße Zeichenblätter hübsche Tiere kleben. Aus Ahornblättern entstehen Schmetterlinge. Andere Blattformen kleben wir zu Fantasiefiguren. Beine, Ohren, Schwanz, Arme oder Fühler malen wir mit Filzstift dazu.

Der Herbst zieht durch die Fluren,
durch Wälder, Berg und Grund
und malt mit seinen Farben
die grünen Blätter bunt.

Der Sausewind, der wilde,
der ruft sie all zum Tanz,
die roten und die gelben.
Ein ganzer bunter Kranz!

Sie drehen sich so lustig
und tanzen rund im Kreis
und wirbeln fort ins Weite.
Wohin? Wer weiß, wer weiß!

BESUCH BEIM BAUMKÖNIG

Anna und Peter spazieren heute in den Wald. Sie kommen zu einem großen Baum und einem Felsblock. »Das sieht ja aus wie ein Tor«, sagt Anna. »Komm wir treten ein!« In dem Moment hören sie eine Stimme: »Willkommen im Königsschloss Wald!« Verdutzt schauen die Kinder nach oben. Der Baum scheint zu sprechen. »Wer bist du?«, fragen sie. »Ich bin der Baumkönig«, antwortet er majestätisch. »Darf ich euch das Zauberschloss Wald zeigen?« Die Kinder nicken begeistert und schreiten andächtig durch das Tor.

Der Baumkönig erzählt: »Ich regiere im Königsschloss Wald schon viele, viele Jahre. Für die meisten Menschenaugen bin ich unsichtbar.« Er zeigt mit seinen Zweigen in die Runde: »Alle diese Bäume sind meine Prinzen und Prinzessinnen. Mit ihren Blätterkronen streicheln sie den Himmel. Ihre Wurzelfüße strecken sie tief in das Kellergeschoss der Erde. Am Stamm tragen sie Rindenkleider. Wir Bäume sind genauso lebendige Wesen wie ihr Menschen. Nur fließt in uns kein Blut, sondern Sonnenlicht und Wasser. Wir geben euch Kraft und Luft zum Atmen. Ihr könnt unsere Lebenskraft spüren, wenn ihr uns umarmt!«

Anna und Peter legen die Arme um den kräftigen Leib des nächsten Baumes. Sie halten das Ohr an die Rinde und versuchen die aufsteigende Kraft des Wassers zu hören. Und wirklich, sie spüren die pulsierenden Lebenssäfte unter der Rinde. Wer es nicht glaubt, kann es im Frühjahr selbst ausprobieren! Der Baumkönig des Waldes schmunzelt: »Wir sind eure Brüder und wir haben es gern, wenn ihr uns umarmt und streichelt! Meine Prinzen und Prinzessinnen lieben es, wenn ihr sie mit dem Herzen ansprecht. Die Herzsprache ist auf der ganzen Welt verständlich. Spürt mit eurem Herzen, was wir euch sagen wollen!«

Anna und Peter versuchen mit der Sprache des Herzens die Eiche, die Fichte, die Buche und die Tanne zu erreichen. Und wirklich, das Herz begreift die Baumsprache, denn es spricht Gedanken und Worte der Liebe. Es kann alle Wesen verstehen. Mit dem Herzen sehen die Kinder die vielen

kleinen Bewohner in und unter der Rinde, die Käfer, die Ameisen und die Raupen in einem neuen Licht. Sie hören im Dachgeschoss des Waldschlosses das anmutige Waldkonzert der Vögel und verstehen ihre Lieder. Sie spüren das Mäuschen und den Regenwurm im Wurzelstock. Die Herzsprache versteht auch das Singen des Windes in den Baumkronen und sie lässt sich von den verschiedenen Düften des Waldschlosses verzaubern.

Anna und Peter reichen sich die Hände. Sie tanzen vor Freude um ihre neuen Freunde. Sie singen: »Wie seid ihr wundergroß, ihr habt so schöne grüne Kronen. Wir streicheln eure Rinde und riechen euren Duft. Es rauscht und schwingt in euren Zweigen, sollen wir nach oben steigen? Kommt, tanzt mit uns und reicht uns eure Blätterhände!« Nach dem Tanz legen sich Anna und Peter ins grüne Moos. Der Boden fühlt sich kühl und weich an. Das Moospolster ist feucht. Die Kinder schauen durch das Geäst hinauf in den blauen Himmel. Eine weiße Wolke zieht vorbei. Ein Eichhörnchen hüpft von Ast zu Ast und ein Grünspecht klopft am Stamm die Rinde.

Der Baumkönig des Waldes raunt: »Vorsicht, ihr ruht im Erdgeschoss des Waldschlosses! Seht euch den Waldboden genau an. Hier wachsen Moose, Farne und Pilze. Da sind auch die Kinderzimmer der Bäume. Die Baumkinder überwintern als Samen im Erdenbett. Im Frühjahr strecken sie ihr erstes Senkwürzelchen in die Dunkelheit des Waldbodens. Wenn sie sich verankert haben, durchbrechen sie mit ihrem ersten Spross die Walddecke. Sie genießen jeden Sonnenstrahl. Die ›Baumsäuglinge‹ trinken viel Wasser. Ihre Keimblätter sind noch ganz zart und ihr Stamm ist so dünn wie eine Stricknadel!« Voller Neugier betrachten Anna und Peter auf dem Waldboden die Kinderzimmer der Bäume. Dass Baumkinder so klein sein können, hatten sie nicht gewusst.

»Legt mal eure Ohren auf den Boden«, fordert der Baumkönig die Kinder auf. »Was könnt ihr hören? Unter dem Waldboden ist der Schlosskeller. Da wohnt der Regenwurm, der fleißige Gärtner. Nach jedem Regen gräbt er im Dunkeln den Boden um.« Anna und Peter hören ein Krabbeln und Zappeln. Der Baumkönig erklärt: »Was ihr da hört, sind die

Tausendfüßler und die Asseln. Ihnen gefällt's im dunklen Keller genauso gut wie dem Regenwurm. Sie helfen ihm bei der Arbeit.« Die Kinder hören auch ein Trippeltrappel, ein Knack und ein Knick, ein Husch und ein Springfort. Das sind die Wurzelzwerge mit ihren Silberhämmerchen und ihren Wurzelbürsten. Sie wirken und werken im Wurzelstock der Bäume. Sie pflegen die Wurzeln und klopfen die Edelsteine in die richtige Form. Der Baumkönig erzählt: »Auch die Zwerge arbeiten gerne im Verborgenen. Wenn sie den Schlosskeller verlassen, ziehen sie oft ihre Zaubermützen an. Mit den Zaubermützen auf dem Kopf sind sie unsichtbar.« Das Klopfen und Schaben hat aufgehört. Anna und Peter spüren einen leichten Windhauch über dem Mooskissen. Ob die Zwerge jetzt tanzen, fragen sie sich.

»Komm, wir spielen Simsalabim!«, ruft Anna. »Ich verzaubere dich in einen Regenwurm!« Peter fühlt sich in seine Zauberrolle ein. Er versucht einen Regenwurm darzustellen. Dann ruft er: »Simsalabim, ich verzaubere Anna in eine Ameise!« Nun versucht das Mädchen in die Rolle einer Ameise zu schlüpfen. Dann verzaubern sich die beiden in einen Ahorn, eine Tanne, eine Eiche und in eine Birke! Als Baum verankern sie die Füße im Boden und lassen die Wurzeln ins Kellergeschoss wachsen. Sie fühlen den dicken, starken Stamm. Sie recken die Arme als Äste zum Himmel. Sie fühlen die Wärme der Sonne auf ihren Blättern und spüren, wie das Wasser von unten nach oben strömt. Der Wind rüttelt und schüttelt sie. Sie tanzen mit den Blättern den Tanz der Bäume.

Der Baumkönig erklärt: »Wir Bäume lieben es nicht, wenn man ungefragt unsere Blätter abreißt. Für uns ist das so, wie wenn euch jemand unerwartet an den Haaren zupft. Wenn ihr zum Spielen Blätter, Zweige oder Früchte von uns braucht, dann fragt doch bitte: ›Lieber Baum, schenkst du mir, was ich nötig habe?‹ Freunden, die uns mit dieser Achtung begegnen, schenken wir gerne unsere Gaben.«

Mittlerweile ist der Baumkönig auf dem Rundgang durch sein Waldschloss mit den Kindern wieder beim großen Baum und dem Felsblock angekommen. Der Besuch im Waldschloss ist beendet. Die Kinder verbeugen sich vor dem Waldkönig und bedanken sich für alles, was sie erlebt haben. Der Baumkönig winkt zum Abschied mit seinen Blätterhänden und ruft ihnen nach: »Kommt mich bald wieder besuchen!« Anna und Peter verlassen das Zauberschloss Wald durch das heute gefundene Tor. Sie sind froh, dass sie nun den Eingang kennen und jederzeit zurückkehren können.

HAGEBUTTEN

Der Herbst ist für die Kinder die Zeit des Sammelns. Sie finden Eicheln, Tannenzapfen, Bucheckern, Rosskastanien, Äpfel, Nüsse, Hagebutten und Rüben. Aus all diesen kleinen Schätzen lassen sich herrliche Spielsachen, Schmuck oder gar Laternen basteln.

Hagebutte

Die Hagebutte ist die Frucht der Heckenrose, eines sehr dornigen Strauches. Sie hat blassrote bis hellrosa Blüten. Man findet sie in Gärten und an Waldrändern. Ihre Früchte, die Hagebutten, können zu Tee und Marmelade verwertet werden.

Ein Männlein steht im Walde
ganz still und stumm,
es hat von lauter Purpur
ein Mänt'lein um.
Sagt, wer mag das Männlein sein,
das da steht im Wald allein
mit dem purpurroten Mäntelein?

Hagebutte

Kühe

Im Herbst suchen die Kinder Hagebutten mit möglichst großen »Hörnern«. Sie brechen die dicken roten Früchte mit einem »Schwänzchen« ab und spielen mit diesen Kühen.

Muh, muh, muh,
Macht die rote Kuh,
Wir geben ihr das Futter,
Sie gibt uns Milch und Butter.
Muh, muh, muh,
Macht die rote Kuh.

1. Achtung: Die Kelchblätter, oder in unserem Falle die Kuhhörner, fallen ab, wenn die Frucht ganz reif ist. Die Hagebutte hat mehrere Kelchblätter. Wir lassen an einer unreifen Frucht zwei stehen und zupfen alle andern aus. Die dickste, größte Hagebutte setzen die Kinder meistens als Stier oder Leitkuh ein.
2. Die Kühe stehen im Stall und fressen Gras.

Familie Hagebutte

Wir brechen vom Heckenrosenstrauch ein Zweiglein mit einer Hagebutte ab.

Vorsicht: Dornen!

Wir suchen uns nun ein großes Blatt und wickeln dieses trichterförmig unter der Hagebutte um das Zweiglein. Das Blatt bildet das Kleid. Wir fixieren es mit Tannen- oder Föhrennadeln. Als Arme knüpfen wir unterhalb der Hagebutte einen Grashalm um das Zweiglein. Die Kelchblätter der Hagebutte markieren die Haare der Frau. Für den Hagebutten-Herrn zupfen wir sie aus. Er trägt die Haare kurz geschnitten oder hat schon eine Glatze. Mit dem Taschenmesser ritzen wir beiden noch Gesichter ins Fruchtfleisch.

Auch dem Hagebuttenkind ritzen wir ein Gesicht ein. Zum Schlafen legen wir es in eine Nussschalenwiege und decken es mit Blättern zu.

Eia, schlaf süß.
Ich wieg dich mit den Füßen,
ich wieg dich mit den goldnen Schuh,
schlaf und tu die Augen zu.
Eia, schlaf süß.

Geschirr für die Puppenstube

Aus Hagebutten lassen sich hübsche Teller, Tassen, Gläser, Krüge und Pfannen basteln. Dasselbe können wir auch mit Eicheln und Eichelbechern tun. Leider werden Eicheln immer seltener, zudem reifen sie nicht jedes Jahr. Hagebutten hingegen sind jeden Herbst in Gärten, Parks und an Waldrändern in Hülle und Fülle anzutreffen.

Wir schneiden die Früchte entzwei, höhlen sie aus und stecken, als Griff für Tassen oder Pfannen, Zahnstocher hinein. Wenn wir nur das Fruchtfleisch der Hagebutte durchschneiden und es sorgfältig abheben, sind unsere Töpfe und Gefäße voller Körner. Je nach Fantasie der Kinder verwandeln sie sich in Goldkörner, Erbsen, Linsen oder Früchte.

Haselnussstrauch

Der Haselnussstrauch ist ein Birkengewächs und kann bis zu 5 m hoch werden. Er wächst an Waldrändern und in Hecken. Die Rinde ist graubraun bis rötlich und glänzend. Die Blätter sind rundlich, mit herzförmigem Grund und kurzer Spitze. Die Haselkätzchen blühen schon im Vorfrühling. Ab August reifen die ölhaltigen Haselnüsse. Sie wurden schon im Altertum von den Griechen und Römern sehr geschätzt.

HASELNUSSSTRAUCH

Unter einem Haselnussstrauch können Kinder herrlich spielen. Er verwandelt sich je nach Bedarf in ein Indianerzelt, eine Räuberhöhle, ein Schloss oder ein Hexenhaus. In den Astnischen entstehen die verschiedenen Zimmer. Im größten Hohlraum wird die Küche eingerichtet. Als Töpfe werden die stacheligen, hohlen Kastanienschalen benützt. »Gekocht« werden Kieselsteine, Zweige, Schneckenhäuser und Blätter. Kinder lieben Rollenspiele heiß. Das Sammeln und Einrichten ist ein ganz wichtiger und spannender Teil des Spiels. Hexen, Räuber, Indianer oder Könige sprechen mit verstellter Stimme. Sie hexen, rauben, reiten und regieren. Das Spiel endet meistens mit einem Festessen.

Nonno Trudelibuss,
komm mit mir in die Haselnuss.
Ich weiss 'ne ganze Staude voll,
's gibt dir und mir ein Körbchen voll.

Kling, klang, Haselstrauch,
die Mädchen gehn und pflücken auch.
Kling, klang, Gloria,
die Jungen sind schon da.

Haselstecken mit Verzierungen

Der geheimnisvolle Haselstrauch hat uns als Kinder immer angezogen. Auf ihm machten wir die ersten Kletterversuche und spielten Verstecken. Vater schnitt uns auf Sonntagsspaziergängen mit seinem Taschenmesser lange, gerade Stecken ab.

Zu Hause schnitzten wir stundenlang Verzierungen hinein: Ringe, Spiralen, Zickzacke, Buchstaben und Punkte.
Wir lösten zwischen den Einschnitten vorsichtig die Rinde ab, so dass das weiße Holz zum Vorschein kam. Die Haselstecken waren nun zweifarbig, Rinde und Holz ergänzten sich gut.

Blockhütte

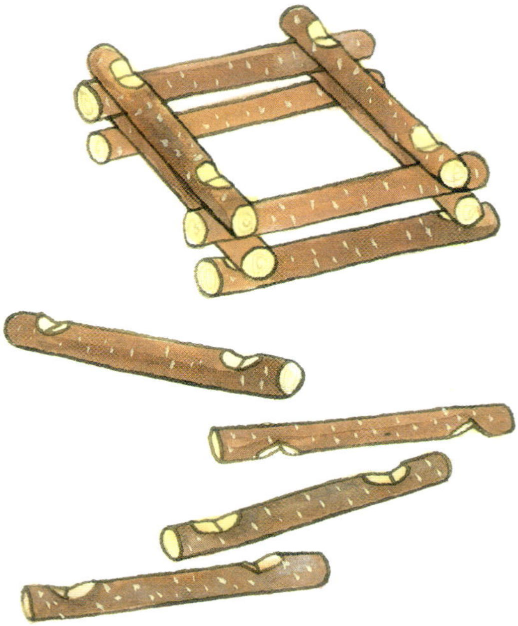

Aus Haselstecken lässt sich auf einfache Art eine Holzhütte bauen. Wir können sie gut brauchen, wenn wir mit kleinen Holztieren spielen, Kühen etwa, Ziegen, Schafen, Schweinen oder Hühnern.
Wir schneiden fingerdicke Haselstecken in Stücke von 15 cm Länge. Wir brauchen davon etwa dreißig. Auf einer Seite kerben wir das Stecklein an beiden Enden ein. Jetzt beginnen wir mit der Hütte: Wir legen zwei Haselstecklein im Abstand von 15 cm senkrecht vor uns auf den Tisch. Nun legen wir zwei Stecklein waagerecht darüber, so dass die Einkerbungen nach unten auf die der senkrechten Stecklein zu liegen kommen. Dadurch bekommt unsere Hütte Halt. Es ist dasselbe System wie bei der Blockhütte, die aus Baumstämmen gebaut wird. Wir machen immer so weiter, zwei waagerechte, zwei senkrechte, bis wir keine Stecklein mehr haben. Als Dach legen wir Haselruten darüber oder, was noch schöner ist, Rindenstücke. Der große Vorteil unserer Miniblockhütte: Wir können sie jederzeit auf- und abbauen! Alle Holzstücke für die Wände und die Rindenstücke für das Dach finden in einer Schuhschachtel Platz.

Hahn und Henne

Für den Hahn und die Henne wählen wir ein Astgabelstück. Wir arbeiten auch hier mit dem Sägemesser auf dem Holzbrett. Ein Ende schneiden wir mehrfach ein, damit es sich zu einem Federfächer, dem Schwanz, spreizt. Das andere Ende bekommt einen Schlitz. In diesen klemmen wir einen kleinen, dünnen Holzspan, der vorne als Schnabel zugespitzt ist und hinten Kammzacken aufweist.
Als Bäume und Sträucher stecken wir verschiedenartige Zweige in Korkzapfen.

Für den Hühnerstall bauen wir eine Blockhütte. Den Hühnerhof grenzen wir mit Zäunen ab. Wir brauchen zwei dünne, lange und viele kleine Zweiglein. Die kleinen sägen wir auf einem Holzbrett mit der Sackmessersäge auf 5 cm ab. Die kurzen Stücke legen wir quer auf die zwei langen Zweiglein. Die Kreuzpunkte mit Bast umwickeln. Wir fertigen gleich mehrere Zaunstücke an. Viel Spaß beim Spielen mit dem Hühnerhof.

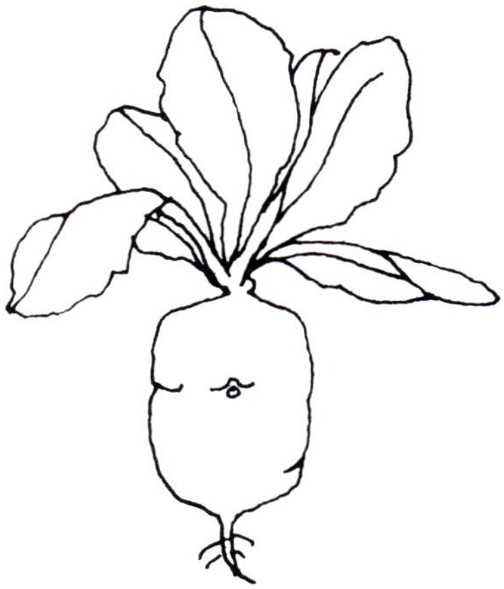

Runkelrübe

Die Runkelrübe wird in Äckern und Gärten angepflanzt. Als Wildpflanze wuchs sie an Meeresküsten. Die Rübensorten, mit fleischig verdickten Wurzeln, sind durch Züchtung neu entstanden. Am bekanntesten sind die rote Rübe, die Futterrübe und die Zuckerrübe.

Laterne

An schönen Herbstabenden flackern da und dort unheimliche Gesichter auf Fensterbrettern. Aus der Nähe betrachtet sind diese geheimnisvollen Wesen simple Runkelrüben, die fleißige Kinderhände mit Messer und Löffel ausgehöhlt haben. Augen, Ohren, Zähne und Haare wurden eingekerbt oder herausgeschnitten. Im Innern brennt nun eine Kerze und lässt die Gesichter leuchten.

Zuerst schneiden wir oben den Blattansatz, dann einen 3 bis 5 cm dicken Deckel ab. Auch diesen höhlen wir aus. Er muss ein Loch haben, damit die brennende Kerze Luft hat. Damit unsere Laterne gut steht, schneiden wir unten die Spitze weg. Mit einem Küchenmesser stechen wir den Rand vor. Er sollte etwa 1 bis 2 cm dick sein. Jetzt höhlen wir die Runkelrübe mit einem Löffel aus. So arbeiten wir uns Schicht für Schicht bis zum Boden der Laterne vor. Da hinein schnitzen wir eine Vertiefung für die Kerze. Nun schnitzen wir Gesicht und Muster in die Außenseite. Zuletzt befestigen wir die Kerze in der Vertiefung des Bodens. Für einen Umzug wird die Laterne mit Schnur oder Draht an einen Stock gehängt.

Laterne, Laterne!
Sonne, Mond und Sterne!
Lösche aus das Licht,
lösche aus das Licht,
aber nur meine liebe Laterne nicht!

KASTANIEN UND EICHELN

Kastanien und Eicheln lassen sich leicht verarbeiten, wenn sie noch frisch sind. Ältere Früchte sprengen auf, wenn wir Löcher vorbohren. Wir verwenden dazu einen Nagel oder feinen Bohrer.
Das Spielen und Basteln mit Kastanien, Eicheln, Eichelbecherchen, Zündhölzern und Zahnstochern regt die Fantasie der Kinder so stark an, dass sie nicht lange auf unsere Anregungen angewiesen sind. Sie werden bald eigene Ideen verwirklichen.

Eiche

Die Eiche ist ein großer, stattlicher Baum. Die Blätter haben unregelmäßige Lappen. Die Früchte, die längsgestreiften Eicheln, stecken in kleinen Bechern auf langen Stielen.

Kastanie

Die Rosskastanie wird bis 30 m hoch. Sie wurde 1576 aus dem Balkan nach Mitteleuropa eingeführt. Die Knospen sind groß, hellbraun, klebrig, die Blätter lang gestielt, gefingert, mit 5 bis 7 Teilblättern. Ihre Oberseite ist dunkelgrün, glänzend, die Unterseite hellgrün, matt und filzig. Im Mai bis Juni blüht die Kastanie in aufrechten, großen, weißen, rotfleckigen Kerzen. Die Früchte sind grüne, kugelige, weichstachelige Kapseln mit 1 bis 3 großen glänzend braunen Samen (Rosskastanien).

Was ist das?
Hoch wie ein Haus,
klein wie eine Maus,
stachlig wie ein Igel,
glänzend wie ein Spiegel.

Kastanienbaum und Kastanie

Ich spinn ohne Rädchen
ein seidenes Fädchen
und häkle daraus
mein luftiges Haus.

Spinne

Wir bohren in die Kastanie einen Kranz von etwa 8 Löchern vor und stecken Zahnstocher hinein. Wir knüpfen einen Wollfaden daran, möglichst nahe an der Kastanie, und beginnen von da aus die Zahnstocher zu umwickeln.
Entspricht das Spinnennetz der gewünschten Größe, stellen wir uns auf einen Stuhl oder Tisch und lassen die Spinne den Faden entlang nach unten zappeln. Ist der Faden abgewickelt, beginnt das Spiel von vorn.

Rakete

Natur-Spielzeug muss nicht altmodisch sein. Heute basteln wir eine supermoderne Rakete, die wunderschön in den Himmel aufsteigt und zur Erde zurückfällt.

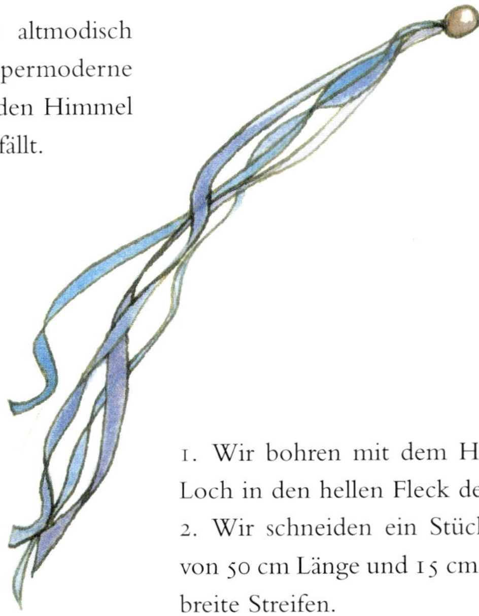

1. Wir bohren mit dem Handbohrer ein Loch in den hellen Fleck der Kastanie.
2. Wir schneiden ein Stück Krepppapier von 50 cm Länge und 15 cm Breite in 1 cm breite Streifen.

Wir drehen das unzerschnittene Ende zu einer Spitze und stecken diese so tief wie möglich in das vorgebohrte Loch der Kastanie.

3. Nun werfen wir unsere Rakete so hoch wie möglich in den Himmel hinauf. Rauschend zieht sie ihre Bahn und landet hüpfend auf dem festen Boden. Wer kann sie mit den Händen fangen?

Tabakspfeife

Wir höhlen mit dem Taschenmesser eine Kastanie aus, bohren seitlich ein Loch vor und stecken ein astfreies Zweiglein hinein.

Eisenbahn von nah und fern
haben alle Kinder gern:
Nimm mich mit! Nimm mich mit!

Eisenbahn

Wir schneiden drei Kastanien flach an und höhlen sie aus. Dann bohren wir Löcher für die Achsen und stecken Eichelbecher als Räder daran. Auch für das Zusammenhängen der Wagen bohren wir Löcher. Mit kurzen Streichholzteilen koppeln wir Wagen an Wagen.

Die Kastanie für die Lokomotive schneiden wir rechtwinklig an und höhlen sie aus. In die Rundung stecken wir ein Kamin-Zweiglein. Ein Wattebausch markiert den Rauch. Die Räder werden wie bei den Wagen befestigt. Ein Eichelmännchen sitzt als Zugführer in der Lokomotive.

Männchen und Tiere

Wir brauchen Streichhölzer, große und kleine Kastanien, Eicheln, Eichelbecher, etwas Wollgarn, einen Handbohrer und ein Taschenmesser. Am besten arbeiten wir auf einem Holzbrett.

Für Arme, Beine und Hals werden die Löcher vorgebohrt, dann stecken wir die Einzelteile zu Männchen zusammen. Damit sie stehen, stecken wir die Beinstreichhölzer in Eichelbecher oder halbierte Kastanien.

Die Gesichter malen wir mit Filzstiften auf. Aus Wollgarn machen wir Haare oder eine Hundeleine.

Wir basteln für unsere Männchen auch Möbel, zum Beispiel Tische und Stühle.

Kastanienkoch

Sieht er nicht lustig aus, unser Kastanienkoch? Er entsteht aus einer Kastanie und einem Stofftaschentuch. Wir bohren für die Kinder ein großes Loch quer durch eine Kastanie. Sie benötigen dazu unsere Hilfe, denn der Durchstich muss fingerdick sein! Durch das Loch wird ein Taschentuch gezogen, so dass eine adrette Kochhaube entsteht. Wir stecken den Kastanienkoch auf den Finger. Das Handpuppenspiel kann beginnen.

Gemüsekasper

Wir suchen uns mit den Kindern auf dem Markt oder im Garten verschiedene Gemüse aus: Karotten, Lauch, Zwiebeln, Kartoffeln und andere mehr. Das Gemüse verwandeln wir anschließend in Gemüsekasper: Frau Zwiebel geht mit Herrn Lauch spazieren. Die Karottensusi tanzt wie wild. Der Kastanienkoch brutzelt feines Essen. Der Kartoffelhund bewacht die Gemüsekasper … Wer erfindet eigene kleine Handlungen? Nach einem oder zwei Tagen rüsten wir das Gemüse mit den Kindern, zerschneiden es fein und kochen gemeinsam eine Gemüsesuppe.

Karottenkrokodil

Falls im Gemüsekasper-Theater ein Krokodil auftreten sollte, schneiden wir eine Karotte in der Mitte ein. Das Riesenmaul öffnet sich von selbst! Das Krokodil sieht noch viel imposanter und gefährlicher aus, wenn wir ihm beidseitig große Zähne einkerben. Auch die Augen dürfen wir nicht vergessen. Das Krokodil kann herrlich nach Freunden schnappen und sie zum Schein verspeisen.

Kartoffelhase

Wir helfen den Kindern, mit einem Zahnstocher eine große und eine kleine Kartoffel zusammenzustecken. Zwei Papierohren stecken wir in kleine Schlitze, die wir mit dem Küchenmesser am Kopf angebracht haben. Jetzt kerben wir die Augen ein. Als Schwänzchen befestigen wir ein Wattebäuschchen. Die Schnauzhaare markieren wir mit Gräsern oder kleinen Zweiglein. Nach dem Spiel demontieren wir die Hasen und kochen die Kartoffeln. Kartoffel-Hasensalat schmeckt besonders gut.

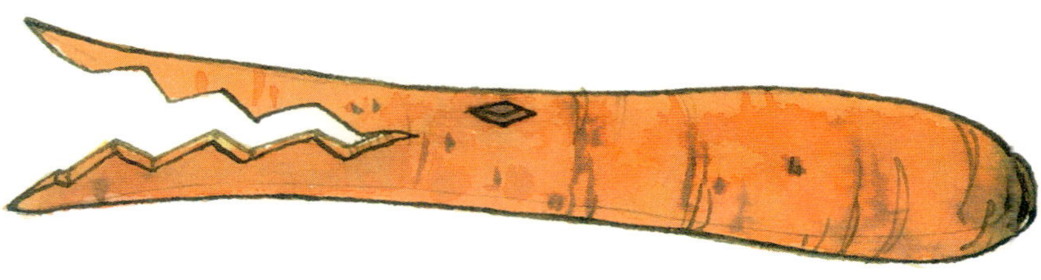

Winter

Schneeflöckchen, Weißröckchen,
jetzt kommst du geschneit,
du wohnst in den Wolken,
dein Weg ist so weit.

Schneeflöckchen, Weißröckchen,
deckst die Erde uns zu,
die Gräser und Blumen,
die haben nun Ruh.

Komm setz dich aufs Fenster,
du lieblicher Stern,
du bringst uns den Winter,
wir haben dich gern.

ORANGEN

Körbchen

Wir nehmen als Schneideunterlage ein Brett und arbeiten wegen der Fleckengefahr in der Küche. Zum Schneiden eignet sich ein Küchenmesser mit Sägeklinge am besten. Achtung: Die Orange gibt beim Aushöhlen viel Saft ab. Wir legen sie deshalb in einen Suppenteller. Mit einem Kaffeelöffel schaben wir den letzten Rest des Fruchtfleisches heraus, bis das Körbchen innen ganz weiß ist. Wir füllen es mit Haselnüssen, Rosinen oder Dörrfrüchten. Die Kinder können damit Kaufladen spielen. Selbstverständlich dürfen sie auch das ausgehobene Fruchtfleisch der Orange essen.

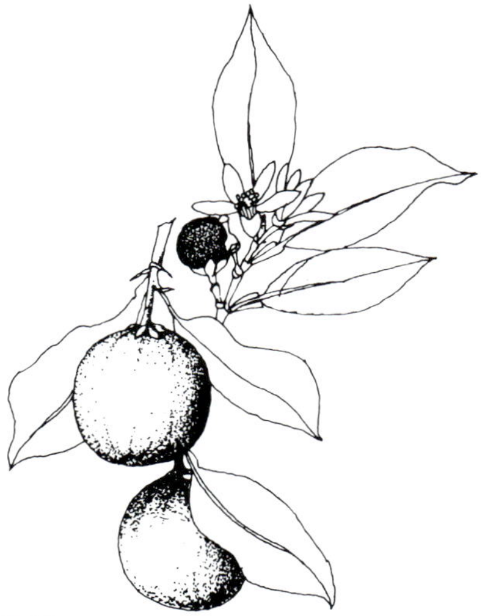

Orange
Die Orange ist eine Zitrusfrucht. Sie stammt aus Asien und wurde erst vor 500 Jahren in Europa bekannt. Sie wächst wie die Mandarine und die Zitrone an Zitrusbäumen und -sträuchern. Heute wird sie hauptsächlich in den Mittelmeerländern, in Kalifornien und in Südafrika angebaut. Die meist zehnfächerige, kugelige Beerenfrucht hat süßes Fleisch und eine ledrige Schale.

Äffchen

Sind unsere Orangenäffchen nicht hübsch? Sie verändern durch das Austrocknen ihre Stellung auf den »Flaschenbäumen«. Deshalb sollte man sie mehrere Tage stehen lassen. Der Äffchenschnitt ist etwas anspruchsvoll! Die Schale muss sich gut von der Orange lösen, sonst reißt sie ein!
Das Äffchen wird aus der ungeschälten Orange in einem Stück geschnitten und sorgfältig vom Fruchtfleisch gelöst.
Schaut euch die fertigen Äffchen genau an, vergleicht die »Schnittmuster« und lest den Text gut durch, bevor ihr euch an die Arbeit macht!

1. Zuerst wird der Kopfkreis eingeschnitten.

2. Im zweiten Schnitt werden die Arme kreisförmig eingeschnitten – etwa 1 cm breit.

3. Jetzt schneiden wir den Bauch und die angewinkelten Beine ein.

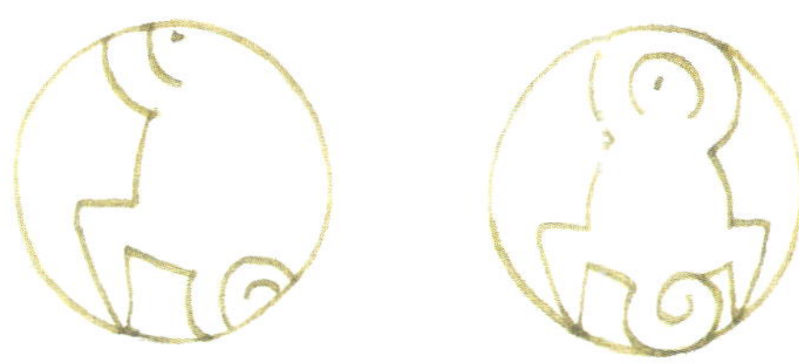

4. Unserem Äffchen fehlt nur noch der Schwanz. Er wird spiralförmig eingeschnitten.
5. Wir lösen das Äffchen sorgfältig vom Fruchtfleisch und stecken es an einen Flaschenhals.

Schildkröte

Wir drehen die vier Ecken eines Orangenpapiers zu Zipfeln ein. Sie bilden die Füße unserer Schildkröte. Nun legen wir den »Schild« über die Orange, geben ihr mit dem Finger einen leichten Schubs und sie wandert, zum großen Erstaunen der Kinder, ruckartig davon.

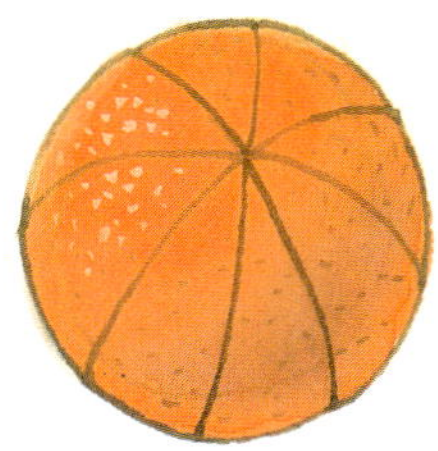

Seerose

1. Wir schneiden die Schale einer Orange in Viertel, ohne das Fruchtfleisch zu verletzen. Darauf zerteilen wir die Schale in Achtel.
2. Mit dem Finger versuchen wir die Schalenschnitze von der Frucht zu lösen.
3. Wenn wir sorgfältig vorgehen, können wir die Orange herausheben, ohne den Schalenstern zu zerstören. Unser Schalengebilde sieht einer Seerose wirklich ähnlich.

Gorillazähne

Auch Gorillazähne sehen nicht übel aus. Wer sich verschönern will, schneide in einen Orangenschnitz Zähne ein, stecke ihn in den Mund und versuche, seine Mitmenschen zu erschrecken …
Die Wirkung ist verblüffend!
Das Orangengebiss wird sorgfältig, mit der weißen Seite nach außen, zwischen die echten Zähne und Lippen geschoben. Bitte Zahnlücken nicht vergessen!
Achtung: Orangen vorher gut waschen!

Die Schale wird so eingeschnitten:

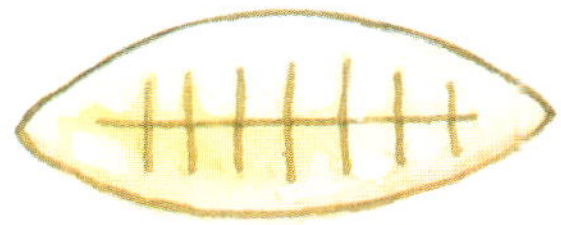

Walrosszähne

Unser Walrossspiel löst immer viel Heiterkeit aus! Der Spielleiter schneidet in eine halbe Orangenschale möglichst viele, lange Schnitze ein, ohne dass das Stück auseinander fällt. Er steckt die Schnitze als Walrosszähne in den Mund. Zum Vergnügen der Zuschauer sind verbissenes Knurren, Grimassenschneiden und Schielen Ehrensache des Walrossgebissträgers! Jedes Familienmitglied darf einmal Spielleiter sein. Wer am komischsten wirkt, hat gewonnen!

»Ohr-Ange«

Die Ohr-Ange kann mit den Ohren wackeln, und wenn die Ohren abfallen, ist sie leider nur noch eine Ange ... Diese lustige Spielform soll angeblich aus Russland stammen. Wer versucht, Väterchen Ohr-Ange nachzukonstruieren?

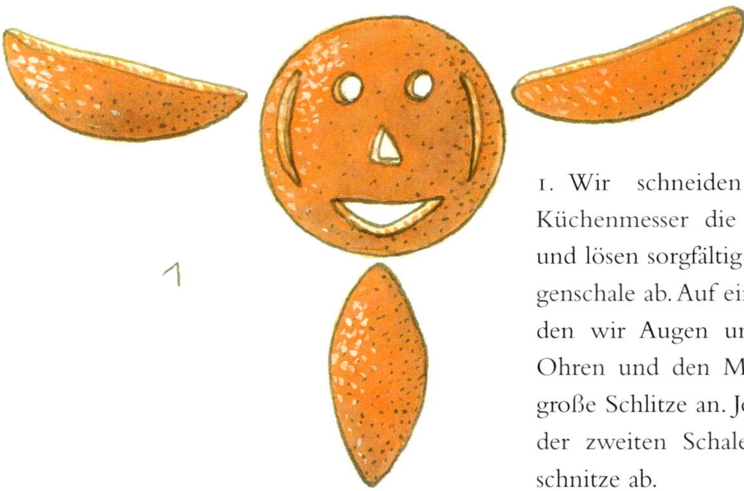

1

2

1. Wir schneiden mit einem guten Küchenmesser die Orange ringsum ein und lösen sorgfältig eine Hälfte der Orangenschale ab. Auf einem Brettchen schneiden wir Augen und Nase ein. Für die Ohren und den Mund bringen wir drei große Schlitze an. Jetzt schneiden wir von der zweiten Schalenhälfte drei Rindenschnitze ab.

2. Wir drehen das Ohr-Angen-Gesicht um und stecken die Ohren durch die Schlitze, so dass von diesen drei Teilen die weiße Innenseite der Orangenschale zu sehen ist. Die Zunge schieben wir mit der orangefarbenen Seite durch den Mundschlitz. Mit dem Zahnstocher durchstoßen wir nun das erste Ohr, fahren sorgfältig quer durch das Ende der Zunge und reihen auch das zweite Ohr auf. Der Zahnstocher darf die Orangenschale des Gesichtes nicht berühren. Falls er anstößt, brechen wir die vorstehenden Enden ab.

3. Nun wenden wir die fertige Ohr-Ange, fassen sie mit der einen Hand oben am Kopf und ziehen mit der anderen die weiße Zunge heraus. Durch diese Bewegung schnellen die Ohren nach oben.

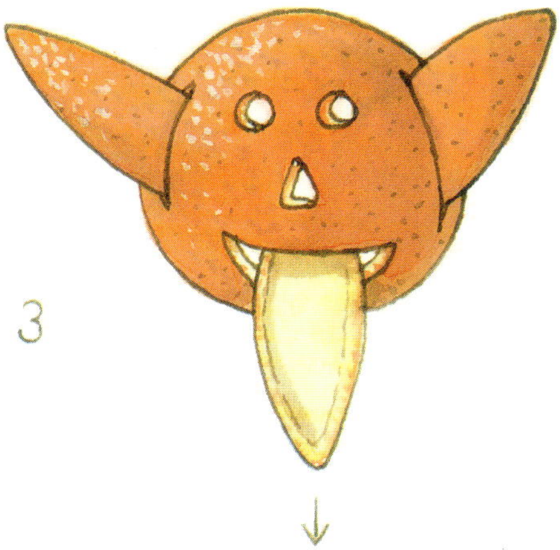

4. Schieben wir die Zunge wieder zurück in den Mund, senken sich die Ohren automatisch. Sieht unser Väterchen Ohr-Ange nicht ulkig aus mit seinen wackelnden Flügelohren?

Mandarinenclown

Wir brauchen einen Haselnussring oder einen Weihnachtskringel, eine Walnuss, Wollreste, einen Zahnstocher, eine Mandarine, etwas Papier und einen schwarzen Filzstift.

Wir schneiden aus dem Papier ein Rondell aus, das etwas größer ist als der Haselnussring. Den Rand verzieren wir mit eingeschnittenen Spitzen.

Den Zahnstocher stecken wir in die Baumnuss, legen die Spitzenkrause aus Papier auf die Mandarine, den Haselnussring darüber und stecken nun die Nuss mit dem Zahnstocher in die Mandarine.

Wir bemalen den Clownkopf mit Filzstift und kleben ihm die Wollreste als Haare auf. Sieht er nicht lustig aus, unser Clown? Zum Anbeißen schön!

ÄPFEL

In unseren Schulen und Kindergärten haben sich lustige Pausenäpfel-Esssitten entwickelt. Die Kinder bringen der Lehrerin oder Erzieherin ihren Apfel mit der Bitte: »Schneid mir doch eine Krone … einen Wunderapfel … einen Räderapfel!« Letzthin habe ich Kinder angetroffen, die sich sogar Apfel-Pommes-frites wünschten und Pilze! Ganz besonders lustig ist, dass man die zerschnittenen Äpfel wie die Teile eines Puzzles wieder zusammenfügen kann. Wer erfindet eigene Formen?

Äpfel

Der Apfelbaum ist ein Rosengewächs. Schon die Römer kannten vor 2000 Jahren 30 verschiedene Apfelsorten. Durch Kreuzungen sind die Sorten auf 1500 angewachsen. Der Botaniker bezeichnet den Apfel als Scheinfrucht, weil nur das Kerngehäuse aus den Fruchtblättern gebildet wird und demnach die eigentliche Frucht darstellt. Das saftige Fruchtfleisch entsteht aus dem Blütenboden.

Kronenapfel

Wir schneiden mit einem spitzen Küchenmesser den Apfel rundum mit Zick-zack-Schnitten ein. Achtung: Wir können die zwei Apfelhälften nur voneinander trennen, wenn das Messer bei jedem Schnitt bis ins Kernhaus vorgedrungen ist! Die beiden Kronen passen an einer einzigen Stelle ineinander. An welcher?

Apfelbaum, Apfelbaum,
stehst in unserm Garten!
Wirf mir doch die Äpfel runter,
ich will nicht länger warten!

Kinder kommt und ratet,
was im Ofen bratet.
Wie es dampft und wie es zischt!
Jetzt wird er bald aufgetischt:
der Zipfel, der Zapfel,
der duftende Apfel!

Wunderapfel

Ungeübte Augen sehen und entdecken die Einschnitte im Wunderapfel kaum, denn sie sind raffiniert angebracht. Beim Schneiden will gut überlegt sein, wo die vier Schnitte anzusetzen sind.

Der Wunderapfel entsteht

Der Apfel wird kreuzweise von unten nach oben eingeschnitten.

1. Der erste Schnitt läuft von den Kelchblättchen aus quer durch bis in die Mitte des Apfels.
2. Der zweite Schnitt läuft vom Stiel aus quer durch den Apfel ebenfalls bis in die Mitte. Der Apfel wird dabei um 90° gedreht. Von oben betrachtet ist nur ein Schnitt sichtbar; der untere ist verborgen.
3. Mit den nächsten zwei Schnitten verbinden wir die senkrechten Schnittlinien mit je einem waagerechten Schnitt. Diese beiden Schnitte liegen sich gegenüber. Auch hier müssen wir mit der spitzen Klinge bis ins Kernhaus eindringen.

Unser Wunderapfel ist fertig. Wir ziehen ihn sorgfältig auseinander. Wer kann das Wunder fassen?

Apfelpilz

Ganze Äpfel verwandeln sich in Pilze. Wir schneiden einen Apfel rechts und links vom Stiel, je 1 cm entfernt, bis zum Kerngehäuse ein. Im rechten Winkel dazu machen wir dasselbe nochmals. Damit der Hut des Pilzes entsteht und der Stiel sichtbar wird, schneiden wir den Apfel sorgfältig rundum ein. Selbstverständlich essen wir auch die Abfallstücke. Den Stiel ausdrehen, damit der Pilz steht.

Apfelschwan

Aus roten Äpfeln entstehen Schwäne. Wir drehen den Apfelstiel aus und schneiden einen Schalenhalbmond ab. Er muß dünn sein und etwa 1 cm breit. Das Schalenstück heben wir auf. Es bildet Kopf und Schwanenhals. Wir drehen den Apfel um und schneiden rechts und links neben der Fliege ein rechtwinkliges Apfelstück ein. Wir schieben beide nach hinten. Sie bilden die Flügel. Wenn wir vorn einen Schlitz einschneiden, können wir zum Schluss unseren Apfelschalenhalbmond als Schwanenhals einsetzen.

Pinocchio

Wir schnitzen aus halbierten Äpfeln lustige Pinocchio-Köpfe. Quer durch den Apfel, mit zwei Schnitten, holen wir den Mund heraus. Den Apfelschnitz aufbewahren, daraus entsteht die Nase. Augen ausschneiden. Ohren halbrund einschneiden und nach vorn klappen. Zwischen Augen und Mund ein Dreieck für die Nase einschneiden, herausheben und in diese Öffnung das Mundstück als Nase einsetzen. Das Pinocchio-Gesicht ist für Kinder besonders lustig, wenn sie die Geschichte kennen.

Lustige Gesichter

Wir schneiden in ganze Äpfel lustige Gesichter ein. Je nach Wunsch der Kinder Clowns, Zauberer, Hexen oder Chinesen.

Mandala legen

Auf unseren Spaziergängen und Ausflügen sammeln wir Naturmaterial wie Steine, Schneckenhäuser, Tannenzapfen, Kastanien, Maiskolben usw. Wir bewahren das Gesammelte je nach Sorte in verschiedenen Körben auf. Das Wort Mandala stammt aus der alten indischen Sanskrit-Sprache und bedeutet Kreis. Mandalas sind geometrische Bilder, die eine Mitte kreisförmig umschließen. Sie wirken wie Blumen oder Rosenfenster in Kirchen. Das Legen und Betrachten eines Mandalas beruhigt und zentriert.

Wir breiten ein farbiges Tuch auf dem Boden aus und stellen unsere gesammelten Schätze bereit. Die Kinder legen ein Gemeinschaftsbild. Sie können von der Mitte nach außen oder vom Kreis nach innen arbeiten. Innerhalb des Kreises kann das Bild wie ein Stern, eine Spirale oder eine Blume aussehen. Wir können die Mandala-Legebilder auch mit frischen Blättern, Blumen oder Tannenzweigen bereichern. Im Sommer entstehen so Duftbilder!

Bilder aus Samen

Für unser Samen-Mandala brauchen wir weiße Bohnen, Feuerbohnen, Erbsen, Mais, Linsen, Sonnenblumenkerne usw., Papier und Leim, einen Zahnstocher und eine Pinzette. Wir breiten die Samen aus und legen sie lose aufs Papier. Wir versuchen, Sternen- und Blumenmuster zu legen. Wir beginnen mit dem Mittelpunkt. Am besten fängt man mit einem einfachen Muster an.

In der zweiten Runde versuchen wir, ein ähnliches Bild zu kleben. Da der Leim sehr schnell trocknet, streichen wir den Karton nur Stück für Stück ein. Wir setzen die Samen auf die klebende Fläche und drücken sie fest. Für diese Legearbeit können uns der Zahnstocher und die Pinzette eine Hilfe sein. Die Muster werden am schönsten, wenn sich die Samen Reihe um Reihe berühren.

Erdnuss

Die Erdnuss ist eine ölhaltige Tropenpflanze. Nach der Selbstbestäubung wachsen die Blütenstiele zur Erde und drücken die Fruchtknoten in den Boden. Die Erdnuss wächst unter der Erde. Sie wird auch zu Speiseöl und Margarine verarbeitet.

St. Nikolaus in der Erdnuss

Wussten Sie, dass in jedem Erdnusskern ein St. Nikolaus steckt? Wenn nicht, brechen Sie das nächste Mal die zwei Hälften eines Erdnusskerns behutsam auseinander. Die eine Hälfte trägt innen unverkennbar den Kopf des St. Nikolaus. Hut, Augen und Bart sind deutlich zu sehen.

Als Kinder strichen wir uns in der Vorweihnachtszeit Butterbrote. Dann öffneten wir eine Handvoll Erdnüsse und sortierten die Kerne. Wir teilten sie in zwei Gruppen ein: Gruppe St. Nikolaus und Gruppe Knecht Ruprecht. Beide Gruppen steckten wir in Reih und Glied ins Butterbrot. Die Nikoläuse steckten wir in die erste Reihe, die Knechte mussten hinten anstehen. Mit großem Genuss aßen wir dann abwechslungsweise einen Bissen St. Nikolaus und einen Bissen Knecht Ruprecht …

NUSSSCHALEN

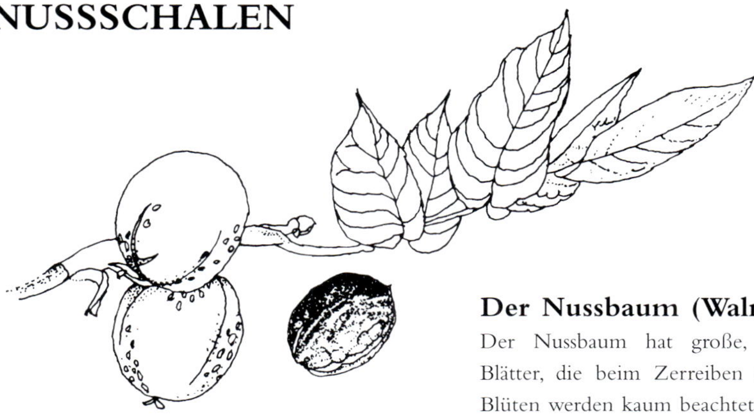

Der Nussbaum (Walnussbaum)

Der Nussbaum hat große, zusammengesetzte Blätter, die beim Zerreiben stark riechen. Die Blüten werden kaum beachtet, wohl aber die gut schmeckenden Nüsse im Herbst. Sie enthalten ein hochwertiges Speiseöl. Nussbäume können mehrere hundert Jahre alt werden. Sie liefern wertvolles Holz.

Holler, boller, Rumpelsack,
Niklaus trägt sie Huckepack,
Weihnachtsnüsse gelb und braun,
runzlich, punzlich anzuschaun.

Knackt die Schale, springt der Kern,
Weihnachtsnüsse ess ich gern.
Komm bald wieder in mein Haus,
guter, alter Nikolaus.

Nussschalen-Maus

Wir kleben einen Wollfaden in eine halbe Nussschale. Er bildet den Schwanz. Ein paar Wollfäden markieren die Schnauzhaare. Jetzt brauchen wir nur noch zwei Äuglein aufzumalen und kleine Öhrlein aus Papier oder Filz anzukleben und fertig ist das Mäuslein!

Knabber, knabber, Mäuschen,
scher dich aus unserm Häuschen!
Was suchst du in dem Kellerloch?
Renn fort, sonst find't dich noch der Koch,
macht aus dir 'nen Hasenbraten,
und wir würden's nicht erraten.

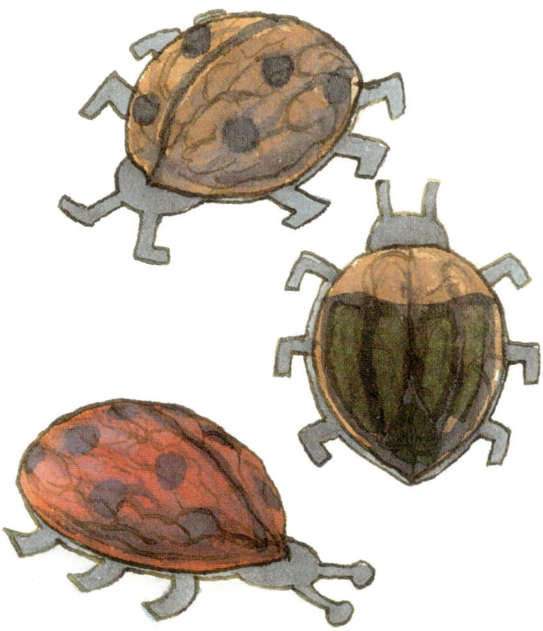

Nussschalen-Käfer

Wer möchte ein paar kleine Glückskäfer basteln? Wir brauchen dazu ein paar Nussschalen, Farben, Leim und etwas schwarzes Papier. Wir legen eine Nussschale auf das Papier und umfahren sie mit Bleistift. Auf dieser Grundform zeichnen wir Beine, Kopf und Fühler ein und schneiden alles aus. Jetzt kleben wir die Nussschale auf und bemalen sie. Je nach Farbe kann unser Krabbeltier ein Marienkäfer sein, ein Maikäfer oder sonst etwas. Diese Nussschalen-Käfer sehen auch als Tischdekoration oder auf Geschenkpaketen hübsch aus.

Nusstrommel

Wir umwickeln eine halbe Walnussschale mehrmals mit Faden. Zwischen den Fäden stecken wir ein Zündholz und drehen es so ein, dass am Schluss das eine Ende auf dem Rand der Schale ruht. Durch Zupfen des freien Zündholzendes prallt das Hölzchen an die Schalenwand und erzeugt Trommeltöne.

Die Nusstrommel ist ein altes, einfaches Kinderinstrument. Am lustigsten klingt es, wenn eine ganze Kinderschar gemeinsam singt und jedes auf seiner Nusstrommel den Takt dazu trommelt.

St. Nikolaus aus Apfel und Nuss

1. Wir brauchen für unseren St. Nikolaus: einen Apfel, eine Nuss, einen Zahnstocher oder ein Streichholz, etwas Watte, ein Stück Krepppapier und eine Wollnadel mit Wollfaden.

2. Wir stecken den Zahnstocher in die Nuss und die Nuss mit dem Zahnstocher in den Apfel.

3. Wir ziehen am oberen Rand des Krepppapiermantels einen Wollfaden ein.

4. Den Mantel legen wir um den Apfel, raffen ihn mit dem Wollfaden zusammen und binden ihn fest.

5. Wir schneiden eine Mütze aus Krepppapier und kleben sie am Kopf fest.

6. Aus Watte formen wir einen Schnurrbart und einen Bart. Beide kleben wir unserem St. Nikolaus ins Gesicht.

7. Mit Filzstift malen wir ihm ein Gesicht auf.

8. Knecht Ruprecht stecken wir ein Rutenzweiglein in den Apfel und binden ihm einen Sack um.

Kerzen-Schifflein

Während der Weihnachtstage sammeln wir Kerzenstummel. Wir legen halbe Nussschalen bereit und tropfen mit einer brennenden Kerze etwas Wachs hinein. In das noch warme Wachs drücken wir die Kerzenstummel und kleben sie so fest.

Unsere »Kerzenflotte« aus Nussschalen-Schiffchen lassen wir brennend in einer mit Wasser gefüllten Schüssel schwimmen. Das sieht sehr festlich aus.

Achtung: Die schwimmende, brennende »Kerzenflotte« nie allein lassen. Keine brennenden Schiffchen aus dem Wasser nehmen!

Unser Märchengarten

Da im Winter draußen nichts grünt und blüht, pflanzen wir uns für drinnen einen Märchengarten. Wir gehen Ende November auf einen Spaziergang in den Wald und holen uns etwas Moos und Efeu. Zu Hause pflanzen wir in die Erde einer flachen Schale oder eines großen Blumentopfes unsere Waldfunde ein. Wir dekorieren den Märchengarten mit Kieselsteinen, Kristallen und knorrigen Wurzeln und Schneckenhäusern. Dazwischen stellen wir kleine Spielsachen wie Zwerge, Püppchen und Tiere. Auch eine Weihnachtskugel oder ein Stern sehen hübsch aus. Natürlich darf eine Kerze nicht fehlen. Wer sich in seinem grünen Märchengarten einen blumigen Farbtupfer wünscht, holt sich eine Minipflanze beim Gärtner. In Zwergengröße gibt es: Cyclamen, Weihnachtssterne, Rosenstöckchen und Usambaraveilchen.
Die farbigen Minipflanzen lieben es, in unserem Märchengarten auf einem moosbewachsenen Hügel zu stehen.

Noch sind die Nächte dunkel,
die Tannen stehn im Wald,
doch leuchten in der Ferne
die hellen Himmelssterne,
das Christkind kommet bald.

NACHWEIS: VERSE UND REIME

Ein Großteil der in diesem Buch enthaltenen Verse und Reime sind Volksgut. Folgende Autoren und Verlage haben freundlicherweise ihre Verse zur Verfügung gestellt.

Nortrud Boge-Erli:
Machst ja nur die Lippen kraus 26
Der Michel kommt 31
Esche, Esche, Eschensaft 32
Ich bin die Sommerhexe 44
Kling, klang Haselstrauch 91

Erwin Brezing:
Ich hab eine Flöte aus Kerbelkraut 29

Christian Strauss:
Löwenzahn 11

Ruth Walther:
Ich spinn ohne Rädchen 97

Arbeitsmaterial aus den Waldorfkindergärten, Verlag freies Geistesleben, Stuttgart, aus: »Rhythmen und Reime«,
Noch sind die Nächte dunkel 125

Aus: «Des Knaben Wunderhorn» von Achim von Arnim und Clemens Brentano: *Trarira! Der Sommer, der ist da* 39

Fidula-Verlag, Boppard/Rhein, aus: »Das Liedernest« von Liselotte Rockel, Richard R. Klein:
Der Herbst zieht durch die Fluren 81

Österreichischer Bundesverlag Jugend und Volk, Wien, aus: »Sing mit uns« von Walter Deutsch, Christine Gauster, und Eberhard Würzl.
Richard R. Klein:
Ihr Kinder, heraus 9
Christine Gauster:
Gänseblümchen 19
Eisenbahn von nah und fern 99
Apfelbaum, Apfelbaum 113
Heinrich Seidel:
Der Herbst ist doch die schönste Zeit! 79

Verband Evangelischer Erzieher und Sozialpädagogen e.V., Lübeck, aus: »Gedichte und Reime zur Weihnachtszeit«, Albert Sergel:
Holler, boller Rumpelsack 119

QUELLENANGABEN

Folgende Geschichten und Verse stammen von Susanne Stöcklin-Meier:

Elfen im Garten 22
Der Dichterzwerg in der Wiese 50
Nökk, der Geiger 68
Besuch beim Baumkönig 82

Wunder-wunder-wunderbar 21
Blumenelfe 43
Prinzessin mit dem rotem Rock 43
Grünes Gras 50
Es regnet 51
Schmetterling 51
Die Zwerge in der Erde 51
Mit einem Laternchen 51
Mit lautem Gesumme 51
Bächlein, kleines Bächlein 73
Der Zipfel-Zapfel-Wurzelzwerg 75
Es war einmal ein Zwergenmann 77
Da kommt der Sausewind 79
(dritte Strophe von Herbstgedicht)